Verlag für psychosoziale Medien

Über den Autor

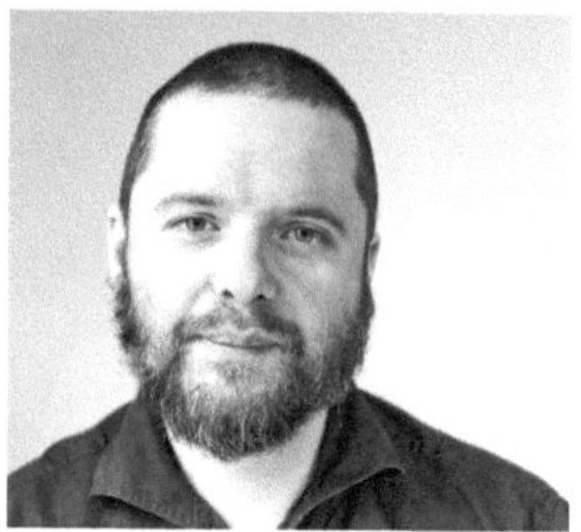

Dr. phil. Tony Hofmann, geb. 1980, autodidaktisch erarbeitete Fähigkeiten im Bereich Fotografie, Grafik und Textentwicklung, wissenschaftlicher Mitarbeiter an der Universität Würzburg (Fachbereich Sonderpädagogik, Pädagogik bei Verhaltensstörungen), Psychotherapeut (HP), Coach für berufliche Profilbildung.

www.TonyHofmann.com
www.Sinn-Bilder.de

Fokussiere das Wesentliche

Intuitiv und achtsam zur gelungenen Fotografie

Tony Hofmann

Bibliografische Information der Deutschen Nationalbibliothek

Die Deutsche Nationalbibliothek verzeichnet diese Publikation in der Deutschen Nationalbibliografie; detaillierte bibliografische Daten sind im Internet über www.dnb.de abrufbar.

Impressum

Fokussiere das Wesentliche.
Intuitiv und achtsam zur gelungenen Fotografie

Copyright © 2018 Tony Hofmann

Verlag für psychosoziale Medien, Goßmannsdorf/Würzburg

ISBN (Print): 978-3-947502-01-1

ISBN (e-Book): 978-3-947502-05-9

2. Auflage 2018

Umschlaggestaltung: © 2017 Tony Hofmann

Herstellung: BoD Norderstedt

Alle Rechte vorbehalten.

Inhaltsverzeichnis

Prolog

Ein kreativer Prozess, der gute Fotos hervorbringt, kann als eine Metapher verstanden werden für ein gelingendes Leben. In beiden Fällen geht es darum, das Wesentliche zu fokussieren, Unwesentliches auszusortieren - und zuzulassen, dass sich das, was da ist, spielerisch zu einem stimmigen Ganzen zusammenfügt. Dieses Buch lässt sich somit auf dreierlei Art lesen und ich möchte zugleich drei unterschiedliche Lesergruppen ansprechen:

Zum einen ist dieses Buch für Menschen gedacht, die ein Interesse an persönlichem Wachstum, an der Entfaltung ihrer Persönlichkeit, ihrer Identität, ihrer individuellen Eigenart haben. Menschen, die Lust haben, sich auf einen solchen Prozess einzulassen und die die Fotografie als einen möglichen Weg dorthin ausprobieren wollen.

Zum anderen ist es für diejenigen geschrieben, die mir von einer kleinen Enttäuschung berichten, die manchmal auftritt, während sie fotografieren: *Ich sehe etwas in meiner Umgebung, was sich ganz spannend und aufregend anfühlt. Dann mache ich ein Foto davon. Und wenn ich das Foto anschaue, bin ich irgendwie enttäuscht. Denn das Foto zeigt überhaupt nicht das, was ich dort draußen so interessant fand.*

Ich habe dieses Buch für Leserinnen und Leser geschrieben, die dieses Gefühl kennen und bessere Fotos machen wollen.

Und schließlich ist das Buch auch denjenigen gewidmet, die Hilfesuchende im Kontext von Beratung, Coaching und Psychotherapie professionell begleiten und die nach unkonventionellen Wegen suchen, um bei ihren Klientinnen und Klienten etwas „in Gang zu bringen". Die Experimente dieses Buches bieten ein vielfältiges Repertoire an Anregungen, die sich auch in der Beratungspraxis einsetzen lassen.

Ich habe das Buch in einer Haltung der spielerischen Absichtslosigkeit geschrieben. Weil es mir Freude bereitet, zu fotografieren und weil es mir Freude bereitet, zu schreiben. Beim Schreiben des Buchs haben sich für mich selbst persönliche Veränderungsschritte ergeben, auf einer sehr tiefen Ebene. Das war aber nie meine Intention. Das ist auch nicht verwunderlich, denn Wachstum ereignet sich in den seltensten Fällen intentional und geradlinig - oft geschieht es eher nebenbei und unbemerkt. Erst im Nachhinein fällt einem dann die Relevanz auf, die ein bestimmter Gedanke oder eine bestimmte Erfahrung für den eigenen Lebensprozess gehabt hat. Vielleicht kann ich dich durch dieses Buch an meiner Freude teilhaben lassen[1].

Die ersten Arbeiten für dieses Projekt begann ich vor sieben Jahren. Das fertige Buch, das du heute in Händen hältst, ist sehr viel kürzer, als das, was ich mir ursprünglich vorgenommen hatte. Zwei ganze Kapitel habe ich wieder herausgenommen - sie waren für professionell Fotografierende

---

[1] Ich schreibe dieses Buch sozusagen „privat", deshalb habe ich mich als Anrede für das „Du" entschieden.

und für etablierte Künstlerinnen und Künstler gedacht. Ich habe mich jedoch entschieden, hier nur die absoluten Basics meines Ansatzes zu skizzieren - vielleicht wird es noch einen zweiten Band zur künstlerischen Vertiefung und einen dritten Band zum Einsatz von Fotografie in beraterischen oder therapeutischen Kontexten geben.

Das Buch macht drei gedankliche Schritte, die inhaltlich den drei Kapiteln entsprechen, in die es untergliedert ist:

- Im ersten Kapitel werde ich dich mit einem körperorientierten Verständnis von Intuition vertraut machen und dir zeigen, auf welche Weise du dein intuitives Gespür gezielt wecken und aktivieren kannst. Die Aufmerksamkeit liegt also primär auf dem *Menschen*, der fotografiert.

- In Kapitel zwei zeige ich dir, wie du die fühlbare Essenz eines Motivs auf einem Foto festhalten kannst. Die Aufmerksamkeit liegt dabei vorrangig auf der Darstellung des *Motivs*.

- Im dritten Kapitel schließlich werden künstlerische Aspekte gerade so weit behandelt, dass du behutsam bis an die Schwelle zum Kunstschaffen herangetragen wirst. Die bisherigen Gedanken werden dabei zusammengeführt: Die Aufmerksamkeit liegt auf der *Interaktion* von Fotograf und Motiv.

Vorkenntnisse sind keine nötig - alles, was du brauchst, ist ein Fotoapparat (ein Smartphone tut es auch), Neugier und ein bisschen Zeit. Ich werde dich behutsam an die Stellen führen, an denen der kreative Prozess so richtig beginnen kann, der Prozess, in dem sich eine eigene fotografische Handschrift entwickeln kann und in dem du die Möglichkeit hast, dir in deine eigenen inneren Dunkelkammern zu folgen.

Die fotografische Darstellung eines faszinierenden Motivs ist etwas ganz Individuelles. Niemand kann dir sagen, was beim Fotografieren richtig und was falsch ist. Trotzdem werde ich dir *konkrete* Anregungen geben. Das Buch enthält 18 Experimente, die als Anregung zum Forschen, Entdecken und Ausprobieren dienen. Das können Gedankenexperimente sein, die deine Kreativität und deine Vorstellungskraft trainieren, aber manchmal auch richtige Fotoaufgaben für die Praxis. Schau einfach, was davon dich anspricht und variiere meine Anleitung so, dass sie für dich passend wird. Mache sie dir zu Eigen. Und wenn du das Gefühl hast, dass ein Experiment gerade nicht passt, kannst du es auch überspringen.

Gemeinsam werden wir durch eine Welt der präzisen Empfindungen und genauen Beobachtungen wandern. Ich möchte dir mit diesem Buch Mut machen, deinen Empfindungen zu trauen, ganz genau hinzuschauen und das, was du dabei erlebst, in eine stimmige Bildsprache zu übersetzen. Deine Fotos werden davon profitieren und vielleicht weckst du sogar, auf eine - zugegeben - recht unspektakuläre Weise, dein schlummerndes künstlerisches Potenzial.

Tony Hofmann,
Goßmannsdorf bei Würzburg,
im Herbst 2017

1 Lass dich inspirieren

Der einzige Tyrann, den ich
in dieser Welt anerkenne,
ist die leise innere Stimme.

Mahatma Gandhi

Ich brauche dir nicht zu sagen, was es heißt, inspiriert zu sein. Du weißt es schon. Du und das Gefühl des Inspiriertseins, das dich wie eine Welle voranträgt - ihr seid schon miteinander vertraut. Ein Moment der Inspiration lässt sich nicht planen oder erzwingen. Er lässt sich nicht mal so recht in Worte fassen.

Dennoch handelt dieses Buch von genau diesem kurzen Moment und von den wenigen Sekunden davor und danach. Ich will das, was beim Fotografieren und überhaupt in der Kunst am schwierigsten zu beschreiben ist, behutsam einkreisen. So, wie man einen Stern nicht direkt anschauen darf, um ihn klar zu sehen, will ich versuchen, mit meinen Worten auf das Wesen der künstlerischen Inspiration hinzudeuten.

Denn Inspiration ist die Quelle eines guten Fotos. Auch dies weißt du. Und doch ist es sinnvoll, sich diese schlichte Tatsache von Zeit zu Zeit zu vergegenwärtigen. Wie schnell verliert man sich in der Beschäftigung mit technischen Neuerungen von Kamerasystemen oder mit Brennweiten, Blendenzahlen und Testberichten von Objektiven. Sicherlich ist es notwendig, sich mit technischen Details auseinanderzusetzen. Denn auch handwerkliche Aspekte spielen eine Rolle, wenn du gute Fotos machen möchtest. Nur, wer sein Werkzeug kennt und beherrscht, kann es nutzen. Und doch - wichtiger als das Werkzeug ist, wofür du es nutzt. Im Kern deines fotografischen Schaffens steht deine Lust, etwas, was dich fasziniert, bildlich darzustellen. Kreativität und Inspiration sind essenziell. Technik ist nachrangig.

Auch wenn du nicht planen kannst, wann eine Idee in dir aufblitzt, kannst du diesen magischen Moment wahrscheinlicher machen. Weil mich alles, was mit diesem besonderen Augenblick zu tun hat, seit langem brennend interessiert, habe ich vor einigen Jahren an der Universität Würzburg eine Umfrage durchgeführt. Etwa einhundert Teilnehmer gaben mir Antwort. Es kristallisierte sich heraus: Am wichtigsten schien für die Befragten zu sein, sich in einer entspannten, angenehmen Stimmung zu befinden, um gute Ideen zu bekommen.

Ein Teilnehmer berichtete: „In dem Moment war ich innerlich ruhig und hatte eine Art Gedankenblitz". Eine Studentin schrieb: „Gute Ideen entstehen, wenn ich mit mir alleine bin, vor allem in der Stille oder in der Natur." Für einen anderen Studenten waren eine „gelassene Atmosphäre unter Freunden" und „keinerlei Druck oder Erwartung von den Andern" wichtig. Eine weitere Teilnehmerin erläuterte: „Ich muss mich wohl fühlen, so dass ich mich nur auf meine Gedanken und maximal ein Geschehen konzentrieren kann. Alles weitere, die Verknüpfungen und Gedankensprünge, geschehen in meinem Inneren. Ich muss mich im Einklang fühlen mit mir und der Umwelt, so dass mein Gehirn seine Gespinste spinnen kann."

Experiment 1: Was brauche ich?

Vieles davon lässt sich auf die Fotografie übertragen. Ich lade dich ein, gedanklich und innerlich nachspürend zu erforschen, wie das bei dir ist: *Was heißt es für mich, inspiriert zu sein? Was brauche ich, damit aus einem inspirierten Anfangsgefühl heraus gute Fotos entstehen? Und was müsste eigentlich geschehen, damit meine Fotos <u>auf gar keinen Fall</u> gut werden?*

Dieses kleine Gedankenexperiment wird besonders hilfreich sein, wenn du einen Stift und einen Zettel nimmst und einige wenige Punkte notierst, die für dich wesentlich sind. Vielleicht kannst du auch ein kleines (Foto-) Tagebuch anlegen, das dich beim Lesen dieses Buches begleitet. Auch ich selbst will die Experimente gedanklich und praktisch mitvollziehen. Denn auch ich stehe gerade an einem Punkt, an dem ich nicht weiter weiß. Ich fotografiere jetzt seit fast zwanzig Jahren. Die Bilder, die dabei herauskommen, sind mittlerweile ziemlich gut. Das finde nicht nur ich, sondern so denken auch viele andere Menschen. Ich habe Kalender hergestellt, die in vielen Wohnzimmern hängen, arbeite mit einer besonderen Auswahl meiner Bilder in Sprachfindungsprozessen und verkaufe ab und an Kunstdrucke. Dennoch - ich habe derzeit das Gefühl, dass meine Bilder immer gleich aussehen, dass ich mich im Kreise drehe. Ich möchte das Schreiben des Buches nutzen, um mich selbst aus diesem Kreis zu befreien, oder - anders gesagt - vielleicht erst so recht hineinzufinden.

Wenn ich mir selbst die oben genannten Fragen stelle, so wird mir deutlich: Was ich tun kann, damit *keine* guten Fotos entstehen, ist ganz leicht. Die Regel heißt: Nimm dir keine Zeit, Tony. Gehe davon aus, dass du alles, was du auf dem Display deiner Kamera siehst, schon kennst. Geh davon aus, dass du alles, was du in deinem Gesichtsfeld siehst, schon kennst. Geh davon aus, dass du nicht herumzulaufen brauchst, um dein Motiv zu erkunden. Nimm dir keine Zeit, um wirklich hinzuschauen. Nimm dir keine Zeit, um deine Augen und dein Bewusstsein zu öffnen für die Realität deines Motivs. Nimm dir keine Zeit, um zu fühlen, was *da* ist. Geh stattdessen lieber verwalterisch an die Sache heran. So in etwa: Alles drauf? - Check. - Helligkeit passt? - Check. - Schärfe passt? - Nein. Nochmal ein bisschen nachjustieren! und Check. Auslösen! - Fertig. So, auf eine solch uninspirierte Art, entstehen garantiert keine guten Fotos. Das Wesentliche fehlt.

Bevor wir so richtig ins intuitive Fotografieren einsteigen, möchte ich dir in diesem ersten Kapitel zeigen, was gute Fotos mit der genauen Wahrnehmung von feinen Körperempfindungen zu tun haben. Wie beim Trockenschwimmen legen wir hierdurch eine sichere Basis für spätere

Kapitel, in denen wir so richtig in die fotografische Praxis eintauchen.

1.1 Fotografische Intuition

Das feine Empfinden, das du in Momenten der Inspiration verspürst, das Empfinden, das dich wie eine Welle voranträgt zu neuen, guten Ideen, nenne ich fotografische Intuition. Deine Intuition nutzt du nicht nur in der Kunst, sondern auch im Alltag. Vielleicht ist dir gar nicht so richtig bewusst, wie oft du dies tatsächlich tust.

Wenn dir ein bestimmtes Wort schon sprichwörtlich auf der Zunge liegt, aber noch nicht ausgesprochen werden kann, nutzt du deine sprachliche Intuition: Du wartest darauf, dass das Wort von selbst kommt. Wenn du dich in einer fremden Stadt verlaufen hast und das Gefühl hast, zum Bahnhof gehe es *dort* entlang, erwacht deine Intuition auf einer räumlichen Ebene. Und falls du schon einmal einen Gebrauchtwagen gekauft hast, weißt du vielleicht, dass du den Worten des freundlichen Verkäufers nicht immer trauen solltest. Bei manchen Autos meldet sich ein Gefühl, das dich zweifeln lässt. Du spürst vielleicht: *Irgendwas* ist da komisch.

Solche unsteten, vagen Gefühle helfen dabei, uns zurechtzufinden in einer komplexen Umwelt. Sie haben das Potenzial, uns durchs Leben zu leiten, uns zu zeigen, was gut tut und uns fernzuhalten von dem, was uns schadet. Sie machen uns neugierig auf Menschen, die besonders sind. Und wir spüren, welche Menschen wie lieber meiden möchten. Die veränderlichen, randunscharfen Gefühle in unserer Körpermitte geben uns auf ihre eigene, paradoxe Art Sicherheit. Sie bieten einen verlässlichen Anker in einer sich ständig verändernden Umgebung. Sie verleihen auf einem Boden, der schwankt, Stabilität. Wenn wir sie achtsam wahrnehmen und ins Denken und Handeln einbeziehen, können wir auf jede neue Situation individuell und frisch antworten. Wir sind innerlich wach, aufmerksam und (er)finden stimmige Möglichkeiten, die spontan entstehen und nicht aus der Retorte kommen. Wir reagieren nicht nur, sondern wir agieren.

Auch in der Fotografie hilft uns die Intuition. Die fotografische Intuition führt uns auf verschlungenen Wegen zu Motiven, die uns faszinieren. Sie gibt uns den Weg vor zu besonderen Stellen, die uns zunächst gar nicht aufgefallen sind. Oder, ein anderes Beispiel: Nehmen wir einmal an, ich würde dir zwei Fotos vom gleichen Motiv zeigen. Beide unterscheiden sich kaum voneinander, und doch spürst du schon nach kürzester Zeit, welches Foto besser ist. Du blickst kurz zwischen beiden hin und her und es ist klar: *Das da* hat was. Wenn ich dich fragen würde, warum du dich so entschieden hast, würdest du vielleicht ein wenig nachdenken und nach einiger Zeit antworten, dass das bessere Bild ein wenig dunkler ist und auch der Ausschnitt ist kleiner gewählt. Diese Begründung entsteht jedoch erst im Nachhinein - das *Gefühl* für die Qualität des besseren Bildes war zuerst da.

Deine Intuition begleitet dich immer und überall, auch jetzt, während du dieses Buch liest. Sie „läuft immer mit", ob wir sie nun bemerken oder nicht. Überprüfe das doch mal in einem schlichten Selbstversuch, gleich jetzt.

Experiment 2: Finde die Intuition im Körper

Nimm dir einen Moment Zeit und richte deine Aufmerksamkeit in deinen Körper. Achte darauf, wie es sich momentan in dir anfühlt. Wo würdest du dein Intuitionsgefühl körperlich ganz konkret lokalisieren?

Wahrscheinlich ist dieses kleine Experiment etwas ungewohnt, falls du dies zum ersten Mal machst. Vielleicht weißt du auch gar nicht so recht, was ich überhaupt meine. Am einfachsten ist es wahrscheinlich, wenn du versuchst, von den Füßen her aufwärts zu wandern. Du kannst deine Aufmerksamkeit nacheinander in verschiedene Körperregionen lenken. Beginne mit den Füßen, dann gehe weiter zu den Waden, zu den Oberschenkeln, in den Beckenbereich, den Bauchraum, in die Brust, in Hände und Arme und in den Kopfbereich. Verweile in jeder Körperregion - wie fühlt es sich da an? Achte darauf, wo du dein Intuitionsgefühl am deutlichsten wahrnimmst.

Vielleicht findest du beim Hinspüren erst mal gar nichts Besonderes. Vielleicht nimmst du nach einer Weile so etwas wie *leichtes Wohlsein* oder *vages Unbehagen* wahr. Frag dich: *Wie fühle ich mich, während ich dieses Buch lese?* und: *Wo spüre ich diese Empfindung am deutlichsten?*

Wenn du gerade irgend etwas gespürt hast, und sei es auch ganz unscheinbar und wenig versprechend - herzlichen Glückwunsch. Da ist schon deine Intuition. Sie ist nichts Besonderes. Das, was da sowieso schon spürbar ist, als gegenwärtiges Hintergrundempfinden - das ist schon das, was ich meine. Wenn du deine Aufmerksamkeit auf dieses Empfinden richtest, wird es vielleicht noch etwas deutlicher, tritt etwas hervor. Die meisten Menschen spüren ihre Intuition dann als feines Gefühl im Brust- und Bauchraum. Vielleicht ist das auch bei dir so, jetzt, während du diese Zeilen liest. Manchmal zeigt sich die Intuition auch als Kloß im Hals, als Ruhe in den Beinen oder als leichte Anspannung in den Schultern. Oder ganz woanders.

Experiment 3: Finde ein Wort dafür

Wo auch immer du sie gerade spürst, deine Intuition ... ich lade dich ein, die Empfindung noch ein wenig geduldiger und aufmerksamer wahrzunehmen. Lies ein wenig langsamer, ein wenig besinnlicher weiter. Gib dem Hintergrundempfinden, das da gerade ist, etwas mehr Raum. Bleib ein wenig dabei, mit deiner Aufmerksamkeit. Verweile, während deine Augen über diese Zeilen wandern, bei dem, was da fühlbar ist. ... Vielleicht findest du sogar ein (vorläufiges) Wort, das beschreiben könnte, was da ist. Hier sind einige Vorschläge ... gleiche jedes der Worte mit dem Empfinden in deinem Körper ab, um dich heranzutasten an das, was du gerade spürst. Möglicherweise spürst du gerade etwas *Kribbeliges*, etwas *Enges* oder *Weites*, ein *ziehendes* Gefühl oder eine leichte *Spannung*. Oder du fühlst, wie sich etwas *öffnen* will, vielleicht auch etwas *Leises*, ein *grünes* Gefühl oder *Lust dich zu bewegen*. Oder vielleicht auch etwas *Angenehmes* oder etwas *Unangenehmes*, etwas *Drückendes*, etwas *Sehnendes* oder ein *ruhiges* Gefühl. Oder Du spürst einfach nur: *Ja, da ist doch was. Aber ich kann es nicht richtig benennen.*

Falls dir gerade kein Wort einfallen sollte, das zu dem Empfinden passt, dann ist das eben so. Die Intuition hat viele feine Facetten und es ist an sich schon wertvoll, wenn du sie einfach nur ins Bewusstsein durchlässt. Vielleicht kommt das passende Wort (die passenden Worte) später noch zu dir.

Ich selbst spüre, während ich diese Zeilen eintippe, ein *drückendes* Gefühl in meinem unteren linken Bauchbereich. Es *drängt* mich etwas. Was dieses Gefühl bedeutet, ist hier an dieser Stelle nicht wichtig. Ich brauche es nicht zu verstehen oder zu interpretieren. Es reicht schon, wenn ich es spüre. Und eine kleine Zeit lang damit verweile. Jetzt verändert es sich. Aus dem *Drängen* und *Drücken* wird eine Art von *innerlichem Klopfen*. Wie als wenn jemand in mir selbst wohnt und von innen anklopft. *Darf ich heraus?* fragt er. „Ich bin mal gespannt, wer du bist, kleiner Mensch, der da in mir wohnt," antworte ich in Gedanken. „Ich nehme dich beim Schreiben mit, in die nächsten Abschnitte." Eine leichte *Aufregung* steigt in mir auf, nachdem ich diese Zeilen geschrieben habe. Ich spüre sie als sanfte, nach oben laufende Strömung, vorne im *Magen-* und *Herzbereich*.

1.2 Selbstgespräche

Natürlich ist deine Intuition auch immer dabei, wenn du Fotos machst. Das ist sogar einer der Zeiträume, in denen du ihr bewusst besonders viel Raum lassen kannst. Im Durcheinander des Alltags achten wir normalerweise nicht so genau darauf, wie sich die feinen Empfindungen im Brust- und Bauchbereich anfühlen. Das ist auch nicht verwunderlich, denn die Regungen, die wir in der Körpermitte wahrnehmen, sind (anfangs) meist dunkel, vage und unklar. Wir haben oft keine Zeit, uns mit ihnen auseinanderzusetzen, sind eher mit funktionalen Dingen beschäftigt oder haben klare, strukturierte Pläne, die wir abarbeiten.

Und selbst dann, wenn wir deutlich spüren, was gerade in uns vorgeht, verstehen wir es nicht auf Anhieb, können es nicht einordnen. Wahrscheinlich geht es dir mit meinen Anregungen des letzten Abschnitts so. Wenn du ein Wort gefunden hast, das die Empfindungen in deiner Körpermitte zumindest annähernd beschreibt, ist dies schon ein erster, wertvoller Schritt. Wir können von hier aus noch ein ganzes Stück weitergehen. So, wie das Dornröschen im Märchen von einem Prinzen wachgeküsst werden will, braucht es manchmal noch etwas, um die Empfindung, die du spürst, zum Leben zu erwecken. *Vielleicht hast du selbst schon eine Idee, was das sein könnte oder was für dich momentan stimmig ist.*

Die einfachste Möglichkeit, die ich kenne, besteht darin, mit der Empfindung sprachlichen Kontakt aufzunehmen. Rede mit ihr, führe Selbstgespräche. Du kannst dies im Stillen tun, indem du einen bestimmten Gedanken hinunter in Richtung der Empfindung wandern lässt. Oder du fragst sie etwas, einfach so, als würdest du einen anderen Menschen ansprechen (also indem du deine Stimme verwendest). Selbst, wenn du dir dabei irgendwie komisch vorkommst, ist der stimmliche Kontakt, den ein Selbstgespräch mit sich bringt, wirkungsvoller.

Experiment 4: Lass die Empfindung wissen, dass du sie wahrnimmst

Probieren wir es gleich mal aus. Nimm dir einen Augenblick und sammle dich. Spürst du noch die Empfindung, die du im letzten Abschnitt gefunden hast? Vielleicht hat sie sich in der Zwischenzeit ein wenig verändert. Überprüfe zunächst, ob das Wort, das du gefunden hattest, noch stimmt oder ob es mittlerweile ein passenderes Wort gibt. Falls du kein Wort gefunden hast, nennen wir die Empfindung der Einfachheit halber „das Gefühl, das ich spüre".

Dann richte deine Aufmerksamkeit auf die Empfindung und denke oder sage dieses Wort genau in Richtung dieses Körperbereichs: *Ich spüre dich, ...* Oder: *Ich spüre, dass du dich ... anfühlst.* Du kannst diesen Satz gedanklich hinabrieseln lassen in deine Körpermitte, oder wo immer du die Empfindung wahrnimmst. Wie Wasser, das durch Gesteinsschichten sickert. Achte darauf, ob sich die Empfindung ein wenig verändert, wenn sie „merkt", dass du sie ansprichst. Vielleicht wird sie stärker oder schwächer oder bekommt einen neuen, feinen Unterton.

Das, was du eben ausprobiert hast, ist in gewisser Weise paradox. Vielleicht hattest du das Gefühl, du redest mit dir selbst und doch zugleich auch mit jemand anderem. Es scheint fast so, als hätte unser Inneres ein Eigenleben. Über die vielfältigen Aspekte dieses menschlichen „Zweigeteilt Seins" könnte man nächtelang philosophieren. Für mich zählt dieses Faszinosum zu den spannendsten Phänomenen, die ich kenne. Egal, ob ich es selbst spüre oder ob ich einen anderen Menschen dabei begleite: Ich bin immer wieder fasziniert davon, wenn im Erleben etwas fein Empfundenes aufscheint. Mir scheint, an dieser Grenzlinie ereignet sich Lebendigsein in einem ganz intimen Sinne.

Wenn ich selbst das Experiment ausführe, dann spüre ich, dass eine neue Empfindung in meinem oberen Körperbereich fühlbar wird. Die Aufregung des letzten Experiments hat sich etwas verflüchtigt, aber sie klingt noch ein wenig mit. (Seit dem Schreiben dieser Zeilen ist ein ganzer Tag vergangen). Das Gefühl, dass da jemand von innen anklopft, ist nur noch als Erinnerungsspur vorhanden. Die neue, aktuelle Empfindung in meinem oberen Körperbereich ist deutlich in meinem rechten Brustraum spürbar. Es ist ein *warmes* Gefühl, es *drängt* und es *sticht* ein bisschen. Ich sage diese drei Worte langsam zu der Empfindung zurück: *Ich spüre, dass du dich warm, drängend und ein bisschen stechend anfühlst.* Dann verweile ich bei dem Empfinden. Eine ganze Weile passiert gar nichts. Das Gefühl tritt dann noch etwas deutlicher hervor. ... Dann nehme ich wahr, wie das Von-innen-heraus-Wollende wieder auftaucht. Es ist ähnlich wie das Klopfende, was ich im letzten Experiment gefunden hatte. Nur ist es diesmal in meinem Körper ganz nach oben gerutscht. Während ich diese Zeilen schreibe, wird es ganz intensiv. Zugleich entspannt sich mein Körper und ich muss ein wenig gähnen.

Ich möchte den Augenblick genauer beleuchten, in dem eine Empfindung „bemerkt", dass sie angesprochen wird. Dieser Augenblick ist in der kreativen Arbeit mit Fotos sehr wichtig, denn genau dann „tut sich" auch was in Bezug auf das Motiv. Damit das, was sich da tut, nicht verloren geht, ist es hilfreich, auf kleine, subtile Veränderungen zu achten.

Manchmal wandert das Gefühl an eine andere Körperstelle und verwandelt sich dabei ein wenig. Manchmal vertieft es sich, wird intensiver oder schwächt sich ab. Manchmal bekommt es ein anderes Gesicht, eine neue, unerwartete Fühl-Qualität. Manchmal stellen sich die Veränderungen auch erst in den darauffolgenden Minuten ein. Manchmal entrinnt dem Inneren auch ein kleiner Atem-Seufzer.

Vielleicht war das bei dir so ähnlich, wie ich es beschreibe. Lass solche Gelegenheiten nicht verstreichen, sondern nimm genau wahr, was geschieht. So kommst du auf immer feineren Ebenen in Kontakt mit dir und mit deiner Intuition. Wenn etwas in dir geschieht, begleite es mit deiner Aufmerksamkeit. Melde dem Gefühl immer wieder zurück, was du gerade wahrnimmst. Wenn du zum Beispiel beim Anblick einer Landschaft etwas Kribbelndes in deinem Körper spürst, dann sag doch mal probehalber zu dir selbst: *Ja, da ist etwas Kribbelndes.* Nimm dir Zeit und spüre, wie das „Kribbelnde" auf diesen Satz reagiert. Wird es stärker, schwächer? Verändert sich deine Körperhaltung ein klein wenig? Kommt etwas Neues hinzu, ein neues Gefühl oder ein zweites Empfinden? Dann melde wiederum das Neue zurück, was du jetzt eben wahrgenommen hast.

Wahrscheinlich kommt dir das, was ich hier beschreibe, etwas merkwürdig und künstlich vor. Wenn du es ein paar Mal ausprobiert hast, wird es leichter und flüssiger gehen. Wenn du auf diese Art „live dabei bist", während sich deine Intuition langsam entfaltet, kommst du zugleich auch in fühlbaren Kontakt mit dem inneren Wesen deines Motivs. Aus solch einem Fühl-Kontakt-Prozess können Fotoideen herangespült werden, die das Motiv wirklich „von innen her" zu verstehen beginnen und nicht an der bloßen Oberfläche steckenbleiben. Die Formel lautet: Kontakt zum Motiv *ist* Kontakt zu den feinen, resonanzmäßigen Empfindungen, die das Motiv in dir weckt.

1.3 Innere Achtsamkeit

Das vorsichtige, abwartende Hinspüren zu den Empfindungen im Brust- und Bauchraum wird in der Psychologie manchmal als *innere Achtsamkeit* bezeichnet. Klaus Renn beschreibt diesen Zustand so:

> „Achtsam zu sein bedeutet, alles, was im eigenen Erleben auftaucht, wahrzunehmen und willkommen zu heißen. Sie nehmen dabei eine innere Haltung ein, die allen auftauchenden Gefühlen, Bildern, Körperempfindungen - ob angenehm, ob schmerzlich - ein kleines 'Welcome' zuspricht: ,Ah, du bist auch da.', ,Du gehörst auch zu mir'. Sie lassen dem, was in Ihnen wahrnehmbar wird, einen freundlichen Empfang in Ihrer Welt zuteil werden."[1]

Der Zustand der inneren Achtsamkeit unterscheidet sich in einigen Punkten ganz wesentlich vom Alltagsbewusstsein. Im Alltag liegt die Aufmerksamkeit vor allem „draußen". Du redest mit Menschen, siehst Gegenstände, die dich umgeben, Lebewesen, Autos, Bäume und den Himmel,

---

[1]Renn, Klaus (2011): Focusing: Psychotherapie in innerer Achtsamkeit. In: Luise Reddemann (Hg.): Kontexte von Achtsamkeit in der Psychotherapie. Mit Beiträgen von Sylvia Wetzel, Clarissa Schwarz, Eckhard Roediger, Klaus Renn und Luise Reddemann. Stuttgart: W. Kohlhammer. S. 92

veränderst die Einrichtung eines Zimmers, bereitest Nahrungsmittel zu einem Gericht zu und so weiter. Auch beim Fotografieren schaust du dich erst einmal genau um und siehst dir deine Umwelt an. In der inneren Achtsamkeit hingegen beschäftigst du dich sehr viel mehr mit deiner Innenwelt.

Da sind zum Beispiel Gedanken, die unerwartet in dir auftauchen und über die du dich vielleicht wunderst. Oder du erlebst eine Emotion wie Wut oder Traurigkeit und spürst deutlich, wie sie sich in dir ausbreitet. Oder du siehst ein inneres Bild vor dir, ein Fantasiebild, das vor deinem inneren Auge entsteht. Oder du spürst ein vages Gefühl in der Magengegend. Oder ein kleiner Schmerz durchzuckt dich. Immer dann, wenn die Außenwelt in den Hintergrund rückt und das, was du in deiner Innenwelt fühlst, in den Vordergrund, bist du innerlich achtsam. Üben wir kurz den Unterschied zwischen innerer und äußerer Achtsamkeit:

Experiment 5: Pendle zwischen innen und außen

Betrachte deine Umgebung. *Was in meiner Umgebung nehme ich alles wahr?* Schließe von Zeit zu Zeit die Augen und nimm deine Aufmerksamkeit „nach innen". Frag dich auch hier: *Was nehme ich wahr?* Vermutlich nimmst du innen anfangs nichts Besonderes wahr. Nach einer Weile findest du vielleicht eine Reihe von unscheinbaren Körperempfindungen. Verweile eine kleine Zeit lang mit dem, was da in deinem Körper spürbar ist. Dann pendle wieder zurück nach außen. Beobachte wieder deine Umgebung. Frag dich dabei: *Was fällt mir jetzt besonders auf?* Dann wechsle wieder nach innen. Bleib mit deiner Aufmerksamkeit bei den undeutlichen Gefühlen, die du nun spürst. Atme weiter und erlebe - mehr ist nicht nötig. Nimm wahr, wo sich etwas in dir regt.

Wiederhole diese Pendelbewegung einige Male. Frag dich am Ende: *Gibt es etwas, was ich aus diesem kleinen Experiment lernen kann?*

Wenn ich selbst das Experiment ausführe, bemerke ich vor allem, wie etwas in mir ruhiger wird. Ich sehe in der äußeren Achtsamkeit die Umgebung des „Werkstattzimmers", in dem ich gerade sitze. Ich sehe den Monitor mit dem Text dieses Buches, ich sehe ein aufgeschlagenes Buch über Picasso schräg vor mir. Alte Melonenreste neben mir. Ich höre ein Müllauto, das draußen vorbei fährt. ... In meinem Inneren fühlt es sich so an, als ob etwas nach unten rutscht. Mein Körper wird schwerer. Ich werde ein bisschen müde.

Innere Achtsamkeit geht mit einer gewissen Absichtslosigkeit Hand in Hand. Was auch immer ich wahrnehme - es ist einfach. Ich brauche es nicht zu bewerten oder zu verändern.

1.4 Fragen

Gehen wir einen Schritt weiter. Nachdem du deine fotografische Intuition ein wenig kennen gelernt hast, kannst du in einer Haltung der inneren Achtsamkeit beginnen, mit den Empfindungen zu spielen. So kannst du z.B. dem Gefühl in deiner Körpermitte direkte Fragen stellen. Auch dies kannst du so tun, als ob du einen anderen Menschen fragen würdest. Manchmal gibt dies dem Empfinden eine neue Richtung, ruft neue Aspekte wach oder vertieft den schöpferischen Prozess.

Wenn du etwas fragst, dann warte in einer neugierigen, freundlichen Haltung ab, bis zu einer Minute lang, ob das Gefühl Antwort geben mag. Antworten lassen sich nicht erzwingen. Wenn sich jedoch ein neuer Impuls aus der Empfindung entfaltet, so kann dieser Impuls ganz verschiedener Art sein. Vielleicht siehst du vor deinem inneren Auge ein Fantasiebild, oder du spürst einen konkreten Handlungsimpuls. Vielleicht kommt dir auch die Melodie eines Liedes in den Sinn oder du denkst an einen bestimmten Menschen. Oder du erinnerst dich an eine Situation, die du früher mal erlebt hast. Manchmal passiert auch gar nichts.

Klaus Renn hat in seinem Buch „Dein Körper sagt dir, wer du werden kannst" verschiedene Jokerfragen formuliert[2]. Jokerfragen sind Fragen, die man jederzeit an das eigene Empfinden stellen kann. Einige davon möchte ich dir auch im Zusammenhang mit schöpferischem Handeln ans Herz legen. Sie helfen dabei, noch feiner mit deinem Empfinden in Kontakt zu treten:

- *Wo genau im Körper spüre ich es?*
- *Welche Form hat es?*
- *Welche Ausdehnung?*
- *Welche Farbe?*
- *Wo ist die Quelle/das Zentrum dieser Empfindung?*
- *Ist sie im ganzen Körper gleichmäßig verteilt oder konzentriert sie sich irgendwo im Körper?*

---

[2]Renn, K. (2017). Dein Körper sagt dir, wer du werden kannst. Focusing - Weg der inneren Achtsamkeit. Freiburg: Herder. S. 139

- *(Wenn an mehreren Körperstellen Empfindungen auftauchen): Wo ist die Körperempfindung am stärksten?*
- *Wie fühlt es sich <u>genau</u> an?*

Experiment 6: Frag dich etwas

Ich lade dich ein, auch die eben genannten Vorschläge gleich mal auszuprobieren. Atme einfach ganz normal weiter, während du diese Zeilen liest. Beobachte dabei deinen Atem. *Wie atmet es?* Dann lenke deine Aufmerksamkeit wieder auf dein aktuelles Erleben. Frag dich: *Was empfinde ich, wenn ich ans Fotografieren denke?* Achte darauf, dass du nicht in deine Erinnerung an das Gefühl vor ein paar Minuten rutschst, sondern beziehe dich tatsächlich auf dein frisches, aktuelles Erleben, das sich bei dieser Frage einstellt. Zeige deinem Empfinden, dass du es wahrnimmst und gib ihm immer wieder mit Worten Rückmeldung, wenn du bemerkst, was sich (leicht) verändert.

Zu einem Zeitpunkt, zu dem es dir stimmig erscheint, frage das Gefühl einige der oben genannten Jokerfragen. Stelle eine Frage auf freundliche Art, biete sie dem Gefühl an und schau erst einmal, ob es sie annimmt oder zurückweist. Falls es sie annimmt, sei geduldig und warte (bis zu einer Minute lang) in einer neugierigen Haltung auf eine Antwort. Falls es sie zurückweist, probiere einfach eine andere Frage. Falls keine konkrete Antwort kommt, begleite einfach noch ein wenig weiter, was du jetzt stattdessen fühlst.

Dann kannst du fragen: *Wenn jetzt ein Bild, ein inneres Phantasiebild aus dieser Empfindung entstehen könnte - welches Bild wäre das?* Oder: *Wenn jetzt ein kurzer, innerlich gedachter Satz aus dem Empfinden herausfallen könnte - wie müsste dieser Satz lauten?*

Die eigene Intuition zu nutzen, heißt nicht einfach nur „plump aus dem Bauch heraus zu handeln" - auch wenn dies eine typische erste Assoziation zu diesem Thema sein mag. Wenn du während des Fotografierens so oder so ähnlich, wie eben beschrieben, mit dir selbst in Kontakt kommst, weckst du deine fotografische Intuition langsam auf. Vielleicht bemerkst du, dass die Empfindungen alles andere als plump sind - sie sind, ganz im Gegenteil, in ihrem Inneren sehr fein aufgegliedert.

Wenn ich das Experiment selbst ausführe, finde ich relativ rasch wieder zu der Empfindung in meinem oberen Brustraum. In der Zwischenzeit jedoch hat sich etwas getan ... das Empfinden fühlt sich mittlerweile so an, als ob es nach vorne aus meinem Körper herauswächst. Es hat dabei die Form eines kleinen, nach vorne gebogenen (flexiblen) Baseballschlägers oder die einer Zucchini: Das obere, herauswachsende Ende ist etwas dicker als das untere, das mit meinem Körper verbunden ist. Das Empfinden ist braun-lila-rötlich-grünlich eingefärbt. ... Wenn ich es nach einem kurzen Satz befrage, ... geschieht erstmal nichts. ... Ich warte eine Weile ... das Wort „Schenken" kommt mir in den Sinn. Etwas wächst aus mir heraus ... es ist zugleich ... etwas, was ich weiterschenken möchte. Etwas, das sich verschenken möchte. Ein kleiner Atemzug entrinnt meinem Brust- und Bauchraum. Verweile ich bei dem Erleben ... so ... wird mir deutlich, dass ... dieses Gefühl etwas mit dem Schreiben dieses Buches zu tun hat. Ich spüre ... ich möchte hier schreibend etwas verschenken, ... etwas von mir hergeben ... weitergeben, an meine Leserinnen und Leser ... an dich, der du diese Zeilen gerade liest ... und zugleich ... fällt mir das schwer. Das Gefühl, das aus meinem Brustbereich nach vorne wächst, fühlt sich ... jetzt nachdem ich das „es fällt mir schwer" aufgeschrieben habe ... innen hohl an. Es ist ein wenig so, als wenn ... ich das Wesentliche ... gerade nicht verschenken kann. Nicht direkt, zumindest. Ich kann es nur indirekt weiterreichen. *Der Zauber ist im Inneren.* Das ist ein konkreter Satz, der plötzlich aus dem Empfinden „herauskommt". Der Zauber ist im Inneren des Gefühls. Von außen sieht es etwas langweilig aus. Den inneren Raum kann man jedoch von außen nicht sehen. Das ist meine Hauptschwierigkeit (oder: Herausforderung), beim Schreiben dieses ersten Kapitels. Ich kann dir nicht direkt zeigen, was ich sagen möchte, sondern nur indirekt. Denn der Zauber liegt im Inneren. Besser kann ich die Crux, die in diesem Empfinden liegt, zum jetzigen Zeitpunkt noch nicht ausdrücken.

Wenn du mit deinen Empfindungen arbeitest, sei geduldig. Deine Intuition ist um einiges langsamer als der Verstand, dafür aber sehr präzise. Wenn du ihr eine Frage stellst, braucht es meist eine kleine Weile, bis etwas antwortet. In unserem Kulturkreis gilt es als unhöflich, einen anderen Menschen eine Minute lang warten zu lassen, wenn wir etwas gefragt werden. Eine Bauch-Antwort jedoch braucht oftmals diese Zeit, um heranzureifen, bevor sie sich im Bewusstsein formt. Diese Zeitspanne hindert viele Menschen in einer schnellen Lebenswelt daran, ihr Bauchgefühl zu nutzen. In vielen Felder der Fotografie jedoch hast du alle Zeit der Welt. Und auch in Bereichen, bei denen es schnell zugeht, wie zum Beispiel im Sport oder beim Fotografieren von kleinen Kindern, hast du zumindest eine Anfangs-Minute, um erst einmal zu dir zu finden, bevor du loslegst.

1.5 Kind sein

Falls gar nichts geschehen sollte, wenn du dein Bauchgefühl etwas fragst, so bleib entspannt und respektiere das - manchmal geht es eben nicht. Probiere es einfach ein andermal.

Unser Bauchgefühl ist wie ein Kind; fast könnte man meinen, es habe einen eigenen Willen. Es entscheidet selbst, ob es sich öffnen will oder nicht. Würdest du versuchen, dieses „innere Kind" zu irgendetwas zu bringen, was es nicht tun möchte, so würde es sich nur völlig verschließen.

Die kindlichen Eigenschaften deiner Intuition helfen dir, gute Fotos zu machen. Ein Kind, dem es gut geht, ist wach, neugierig und an allem Möglichen interessiert. Ein solches Kind ist auf gute Art „naiv", blickt mit einem unverstellten Blick in die Welt hinein. Es lebt eher im Augenblick, plant nicht allzu weit, lässt sich treiben. In einem Moment hüpft es durch die Gegend, weil es Lust dazu hat. In einem anderen legt es sich auf den Boden. Es sagt klare, spontane und ehrliche Sätze zu den Menschen, die ihm begegnen. Vielleicht klettert es auch auf Bäume, watet durchs Wasser, kriecht unter Brücken hindurch und macht sich dabei schmutzig. Ein glückliches Kind tut einfach das, was ihm Spaß macht und lässt alles andere links liegen.

Erlaube dir, ein solches Kind zu sein, wenn du fotografierst. Tu auch du das, was dir gerade in den Sinn kommt und erlaube dir das, was dir von Moment zu Moment am allermeisten Freude bereitet. In den subtilen Empfindungen deines Bauchgefühls findest du eine Eintrittspforte zu deiner eigenen Kindlichkeit.

Wie jedes echte Kind braucht auch deine Intuition das Gefühl, willkommen zu sein und gemocht zu werden. Wenn du erste, feine Regungen in deinem Brust- und Bauchraum wahrnimmst, dann blicke sie mit freundlichen Augen an. Sei geduldig. Stell dir vor, du würdest dir selbst als Kind begegnen. Das Kind, das du selbst bist, sitzt auf einer Parkbank und baumelt mit den Beinen. Frag das Kind (also dich selbst) doch einfach mal, ob du dich dazu setzen darfst, ganz offen. Wenn es dir erlaubt, bei ihm zu sein und wenn ihr eine Weile so dasitzt, wird es vielleicht ganz von selbst beginnen, dir zu erzählen, auf welche Art von Bildern es gerade Lust hat. Wenn das Kind merkt, dass du dich ehrlich für seine Ideen interessierst und dass es dir vertrauen kann, öffnet es sich immer weiter. Und wenn ihr einander ein wenig kennen gelernt habt, übernimmt es vielleicht irgendwann ganz die Regie und sagt dir, wo und wie ihr Fotos kreieren könnt, die richtig interessant sind.

1.6 Resonanz

Das, was du in deinem Motivfeld wahrnimmst, kannst du normalerweise klar und deutlich erkennen. Du weißt, dies ist dies, das ist das und jenes ist jenes. Du hast Begriffe, Namen und Bezeichnungen, mit denen du das benennen kannst, womit du dich beschäftigst. Im Zustand der inneren Achtsamkeit hingegen hast du es oft mit unklaren Empfindungen zu tun. Immer dann, wenn du versuchst, mehr ins Detail zu gehen, kommst du an eine (vorläufige) Grenze des Benennbaren.

Genau hier liegt eine Chance, die du beim Fotografieren nutzen kannst. Die Motive, die du „draußen" siehst, lassen sich klar in Kategorien einordnen. Wechselst du nach innen und erlaubst, das (noch-) Unbenennbare, das du hier spürst, zunächst in der Schwebe zu lassen, so kannst du diesen Schwebezustand genießen wie einen Schatz, der in dieser feinen Fühlqualität nur dir allein zugänglich ist und sonst niemandem. Das, was du da fühlst, ist von privatem Charakter.

In unserer heutigen Zeit ist es in vielen Lebensbereichen notwendig, Dinge mit wenigen Worten klar auszudrücken. Die Psychologin Ann Weiser Cornell bringt das treffend auf den Punkt:

> „In der Schule gewinnt derjenige, der am schnellsten ‚die Antwort' hat - schon schießen die Hände in die Höhe. Nur selten wird anerkannt, dass es ein wertvolles Wissen gibt, das zunächst vage ist [...]. Die allgemeine Vorliebe für Klarheit führt leicht dazu, dass uns unklare und unbekannte Gefühle nicht geheuer sind."[3]

Du bist nicht in der Schule, wenn du fotografierst. Bleib einfach mit deiner Aufmerksamkeit bei der Empfindung und nimm die Resonanz wahr, die das Motiv in dir weckt - das ist das Wichtigste.

---

[3] Cornell, Ann Weiser (2004). Focusing - der Stimme des Körpers folgen. Hamburg: Rohwolt. S. 36

Resonanzphänomene tauchen überall in der Welt auf und lassen sich mit wissenschaftlichen Methoden untersuchen. In der Akustik beispielsweise lässt sich genau beschreiben, warum das Glas zerspringt, wenn die Sängerin eine bestimmte Tonlage trifft: Wellenberge und Wellentäler überlagern und verstärken sich so, dass die Eigenschwingung des Materials verstärkt wird. Auch wenn ein Klavierspieler eine Saite in seinem Instrument anschlägt, fangen bestimmte andere Saiten von selbst an, leicht mitzuschwingen, ohne dass sie aktiv angeschlagen werden.

Der menschliche Organismus ist diesen Klaviersaiten in gewisser Hinsicht ähnlich. Er fängt von selbst „zu schwingen" an, wenn er in eine Umgebung eintaucht, die ihn dazu anregt. Man kann dann physiologisch z.B. veränderte Hirnströme und eine Änderung in der Hautleitfähigkeit feststellen. Besonders deutlich spürst du diese Veränderungen, wenn du Musik hörst: Die Klänge beeinflussen dich von Augenblick zu Augenblick.

Auch beim Fotografieren ist es hilfreich, dich von deinem Motiv beeinflussen zu lassen. Selbst, wenn du nur eine Katze fotografieren willst, die schnurrend an deinen Beinen entlangstreicht, kannst du darauf achten, welche Resonanz dabei dein Körper erzeugt. Besonders gut gelingt dir dies, wenn du dir einige Augenblicke Zeit nimmst und die Katze eher am Rande beachtest. Dann tritt die Empfindung, die im Kontakt mit ihr in deiner Körpermitte entsteht, deutlicher in den Vordergrund.

Ich möchte dich ermutigen, neugierig zu sein. Beachte neben allem anderen diese unbedeutend erscheinenden, feinen Empfindungen, die du im Bauch spürst, wenn du die Katze beobachtest und streichelst. Schenke ihnen Aufmerksamkeit, umsorge und pflege sie. So erweckst du dein intuitives Gespür behutsam zum Leben und bekommst ein Gefühl für die tiefere Bedeutung, die dieses Motiv (dieses Tier) für dich hat. Achtest du auf dieses Gefühl, kann es zu einer sprudelnden Quelle werden, aus der sich visuelle Poesie verströmt.

Im Anfang eines schöpferischen Prozesses stehen immer die ersten, feinen, fühlbaren Regungen des „inneren Kindes" in deiner Körpermitte. Die ersten Inspirationsgefühle sind so subtil, dass du sie vielleicht als unbedeutend abtust. Vielleicht achtest du nicht auf sie, weil du etwas ganz anderes zu finden hoffst.

Vor allem in der Anfangszeit, wenn man beginnt, sich bewusst und systematisch mit den Themen Intuition, Kreativität und Inspiration zu befassen, ist der Wunsch groß, etwas völlig Neues kennenzulernen, etwas Großartiges, was noch nie da gewesen ist. Selbst mir geht es auch nach vielen Jahren noch so, dass ich etwas Spektakuläres vermute, wenn ich zum Beispiel ein Buch oder einen Artikel über das „Bauchgefühl" in die Hand bekomme.

Dabei ist die Intuition wirklich nichts Besonderes. Sie ist sowieso schon da, auf eine natürliche und merkwürdig vertraute Art. Es reicht immer aus, da anzusetzen, was du ohnehin schon spürst. Egal, wie wenig versprechend es sich erst einmal anfühlen mag.

Die Empfindungen, die im Brust- und Bauchraum spürbar sind, spielen auch eine wichtige Rolle, wenn Menschen psychotherapeutisch miteinander arbeiten. Sie werden von Gene Gendlin, einem Philosophen, der eine körperlich orientierte Form der Psychotherapie, das *Focusing*, entwickelt hat, *Felt Sense* genannt.

Felt Sense ist ein Kunstwort, das es in der normalen Alltagssprache (auch in englischsprachigen Ländern) gar nicht gibt. To *feel* heißt fühlen; *Felt* meint also so etwas wie *gefühlt* oder *wahrgenommen*. Das Wort *Sense* lässt sich auf zweierlei Art übersetzen: Zum einen sind damit die *Sinnesempfindungen* gemeint, die du wahrnimmst. Also Sehen, Hören, Riechen, Schmecken und Tasten. Zum anderen bezeichnet es auch den *Sinn* oder die *Bedeutung* von etwas. Wenn wir im Deutschen davon sprechen, dass eine Handlung Sinn macht oder wenn wir vom Sinn des Lebens reden, verwenden wir das Wort auf diese Art.

Der Felt Sense, den wir spüren, wenn wir ein Motiv betrachten, ist also so etwas wie *der fühlbare Sinn dieses Motivs*. Wir nehmen etwas Bedeutungsvolles wahr, können aber (noch) nicht klar benennen, was es ist. Sicherlich hast du beim Fotografieren schon Situationen erlebt, in denen es dir so ging - Momente, in denen ein Felt Sense spürbar wurde. Vielleicht hast du schon einmal eine Blume angeschaut und hast bemerkt, dass da „mehr ist" als nur eine botanisch benennbare Pflanze. Oder du hattest einen Menschen vor dir und dir wurde plötzlich klar, dass da etwas ganz Besonderes ist, was dieser Mensch an und in sich trägt. Oder du warst mal in einer Landschaft unterwegs, in der zwischen Bergen und Flüssen plötzlich mehr *da* war als das, was man im Erdkundeunterricht lernt.

In den subtilen, unspektakulären Empfindungen, die wir nach einer kleinen Zeit des Hinspürens in unserer Körpermitte wahrnehmen, liegt schon alles, was wir brauchen, um interessante Bilder zu erzeugen. Es ist alles da, aber es ist noch „eingefaltet", so wie in einem Samenkorn schon die ganze Fülle und Pracht der späteren reifen Pflanze steckt. Wenn wir darauf vertrauen, dass sich aus diesen Empfindungen etwas entfalten wird, was sich gut und stimmig anfühlt, dann wird genau dies auch geschehen. Mehr gibt es eigentlich nicht zu sagen.

Dieses Sich-Hineingeben, das Vertrauen in das, was geschehen kann, beschrieb Rainer Maria Rilke[4] so: „Habe Geduld gegen alles Ungelöste in deinem Herzen. Forsche nicht nach Antworten, die dir nicht gegeben sind und versuche, die Fragen selbst lieb zu haben, wie verschlossene Stuben oder ein neues Buch, das in fremder Sprache geschrieben ist. Vielleicht lebst du dann eines neuen Tages, ohne es zu merken, in die Antwort hinein."

---

[4]http://www.rilke.de/briefe/160703.htm, abgerufen am 15.10.2016

Innehalten I

Im ersten Kapitel habe ich beschrieben, wie du mit deiner Intuition bewusst in Kontakt treten kannst. Vielleicht macht es Sinn, an dieser Stelle kurz inne zu halten und ein wenig darüber nachdenken, was du (für dich) verstanden hast, was du festhalten und mitnehmen möchtest.

Experiment 7: Halte inne

Lenk die Aufmerksamkeit in deinen Brust- und Bauchraum. Nimm Atembewegungen wahr. Lies ein wenig langsamer ... achte, während du weiterliest, darauf, wann aus Ausatmen Einatmen wird und wann aus Einatmen Ausatmen. ... Beobachte die Umschlagpunkte ... Einatmen wird zu Ausatmen ... Ausatmen wird zu Einatmen. Achte darauf, wie es sich anfühlt, an diesen Umschlagpunkten. Verweile eine Zeit lang mit deinem Atem ... und dann ... nimm das Gesamtgefühl in dir wahr, das sich auf alles bezieht, was du bisher kennen gelernt hast. Bleib mit deiner Aufmerksamkeit in der Körpermitte. ... Vielleicht ... wird so etwas wie eine Stimmung, eine vage Atmosphäre fühlbar: *Wie fühlt sich das Buch bisher an?*

Wenn du eine vage Empfindung wahrnimmst, gib ihr Raum. Mach sie, ... wie mit einer Lupe ... behutsam noch ein wenig größer. ... Frag dich dann: *Was habe ich über mich und meine fotografische Intuition gelernt? Was darin ist für mich das Kostbarste?* Formuliere *in deinen eigenen Worten* den zentralen Punkt, der für dich wesentlich war.

Wenn ich selbst das Experiment ausführe, dann spüre ich ein feines, zittriges Gefühl in meinem oberen Brustbereich. Ich bleibe ein wenig dabei. Es fühlt sich so an, ... als ob mir das, was ich sagen möchte, wie Sand zwischen den Fingern zerrinnt. ... Es ist ein Gefühl wie: *Da ist nichts.* ... Gebe ich diesen Satz zurück zu der Empfindung, ... so kommt die Erinnerung an den Satz, der kürzlich entstanden war: *Das Wichtigste, der Zauber, ist im Inneren.* Mir wird gerade deutlich: Und sonst ist da wirklich nichts. Mehr habe ich nicht zu bieten.

Und doch - das, was ich habe, ist von großer Erlesenheit. Diese feine, intime Bezogenheit „du zu dir", die ich dir zu vermitteln versuche, ist das Wertvollste. Ich kann dir das „du zu dir" nicht abnehmen. Nur du selbst kannst es entstehen lassen. Es existiert ausschließlich innerhalb deiner selbst. Ich kann dir in einem Buch nur ein „Betriebssystem" schreiben, eine gedankliche Software, die dir die Möglichkeiten bereitstellt, um auf intuitive Weise mir dir selbst in Kontakt zu treten. Der Text dieses Buches ist nur ein Text und kann nicht mehr sein als das. Der eigentliche Kontakt, auf den es mir ankommt, findet nicht hier im Text statt. Der Text erzeugt lediglich weißes Blatt Papier, eine Projektionsfläche, auf die du deine eigenen Inhalte aufbringen kannst.

Ich möchte noch einmal zusammenfassen, was die zentralen Aussagen des ersten Kapitels waren:

- Im Zentrum intuitiven Fotografierens steht die körperlich fühlbare Resonanz zum Motiv, der Felt Sense. Er wird vom Organismus (meist im Brust- und Bauchraum) hervorgebracht, wenn wir ein Motiv betrachten.

- Wir können unsere Aufmerksamkeit dorthin („nach innen") lenken und bei den Empfindungen verweilen, die wir vorfinden. Wir können beobachten, wie sie sich in feinen, fühlbaren Schrittchen verändern.

- Wir können der Resonanz Fragen stellen. Wenn wir geduldig sind und ein wenig (etwa eine Minute lang) warten, kann sie uns Antworten in Form von inneren Bildern, Gedanken, Handlungsimpulsen oder Emotionen geben.

- Wenn wir während einer Fotosession ab und an „nach innen" lauschen, gewinnen wir präzisere Informationen über die Motive und über deren Eigenarten, als wenn wir die Aufmerksamkeit ausschließlich auf die Umwelt hin („nach außen") ausrichten würden.

Diese Kerngedanken konstituieren das weiße Blatt Papier, das jederzeit für dich bereit steht. Je öfter du deine Intuition wach rufst, desto besser lernst du dich kennen. Im nächsten Kapitel lenken wir den Blick stärker nach draußen. Du erfährst, wie du ausgehend von deiner Intuition mit deinem Motivfeld kommunizieren kannst. Wir tragen die ersten feinen Pinselstriche auf das weiße Blatt auf.

2 Liebe, was du siehst

*Fotografiere niemals etwas,
das dich nicht interessiert!*

Lisette Modell

Alice fing an sich zu langweilen; sie saß schon lange bei ihrer Schwester am Ufer und hatte nichts zu tun. Das Buch, das ihre Schwester las, gefiel ihr nicht; denn es waren weder Bilder noch Gespräche darin. „Und was nützen Bücher," dachte Alice, „ohne Bilder und Gespräche?"

Sie überlegte sich eben, so gut es ging, denn sie war schläfrig und dumm von der Hitze, ob es der Mühe wert sei aufzustehen und Gänseblümchen zu pflücken, um eine Kette damit zu machen, als plötzlich ein weißes Kaninchen mit roten Augen dicht an ihr vorbeirannte.

Dies war gerade nicht sehr merkwürdig; Alice fand es auch nicht sehr außerordentlich, dass sie das Kaninchen sagen hörte: „O weh, o weh! Ich werde zu spät kommen!" Als sie es später wieder überlegte, fiel ihr ein, dass sie sich darüber hätte wundern sollen; doch zur Zeit kam es ihr alles ganz natürlich vor. Aber als das Kaninchen seine Uhr aus der Westentasche zog, nach der Zeit sah und eilig fortlief, sprang Alice auf; denn es war ihr doch noch nie vorgekommen, ein Kaninchen mit einer Westentasche und einer Uhr darin zu sehen. Vor Neugierde brennend, rannte sie ihm nach über den Grasplatz, und kam noch zur rechten Zeit, um es in ein großes Loch unter der Hecke schlüpfen zu sehen.

Den nächsten Augenblick war sie ihm nach in das Loch hineingesprungen, ohne zu bedenken, wie in aller Welt sie wieder herauskommen könnte.[1]

Je achtsamer wir uns umschauen, desto eher werden wir, so wie Alice, einen Eingang zu einem fotografischen Wunderland finden. Durchschreiten wir diese geheimnisvolle Pforte, so tauchen wir ein in eine Welt, die angefüllt ist von visuellen Formen, Farben und Details. Die Intuition zeigt uns Stellen im Motivfeld, an denen wir diese Welt betreten können. Natürlich können wir auch stundenlang ohne tieferen Sinn vorwärts drängen. Jedoch wird sich dann in den Bildern kein echter Gehalt entfalten. Es mag zwar sein, dass diese Fotos technisch perfekt sind, jedoch werden die Betrachter nicht viel spüren, wenn sie die Fotos anschauen. Abgesehen vielleicht von einem Gefühl des Staunens über

---

[1] *http://gutenberg.spiegel.de/buch/alices-abenteuer-im-wunderland-3389/1*, abgerufen am 17.10.2016

die hohe technische Perfektion - man wird innerlich nicht berührt.

Den Eingang zum Wunderland zu finden ist leichter als man gemeinhin glauben mag. Es befindet sich überall um uns herum. Du brauchst dich eigentlich nur auf eine gewisse „besinnliche" Art und Weise umzuschauen. Ein Beispiel soll das verdeutlichen. Nehmen wir an, du befindest dich in einer Landschaft am Meer. Um dich herum siehst du Sand, einen Wald, Holzpfähle, Steine, Menschen mit Hunden, Kinder und natürlich das Meer selbst. Wie geht es weiter? Entscheide dies nicht vom Kopf her - übergib die nächsten Schritte deiner Intuition. Gib die ganze Verantwortung einfach ab. Fang also nicht gleich an zu fotografieren, sondern blick dich erst einmal in Ruhe um. Atme durch, spüre den Seewind auf deinem Gesicht und die Sonne auf deiner Haut. Halte inne und genieße einfach die Situation. Versuche, alle Sinne zu öffnen. Nach einer Weile wird sich dein Bauchgefühl von selbst melden und dir sagen, wo du beginnen könntest: genau an *diesem* Holzpfahl. Da liegt der Eingang zum Kaninchenbau. Du spürst: *Dahin wandert meine Lust. Das wird mir jetzt für den Moment am meisten Spaß machen.* Wenn du dieses Lustempfinden spürst, kannst du beginnen.

Rational wirst du in den meisten Situationen nicht erklären können, warum gerade diese Stelle besser sein soll als die anderen. Das brauchst du auch nicht - es reicht, wenn du es einfach nur spürst. Dein Organismus lenkt dich von selbst dorthin. Gene Gendlin, der Entdecker des Felt Sense, verwendet für diesen intuitiven Wahrnehmungsprozess eine Metapher, die sofort einleuchtet. Gendlin lebt in New York, hat aber auch schon Focusing-Seminare in Deutschland gegeben. Er erzählte in einem dieser Seminare, wie es ist, vom Dach eines Wolkenkratzers hinabzublicken in die Straßen der Stadt. Dort sieht man Hunderte von Menschen herumwuseln wie kleine Ameisen, die sich über Bürgersteige und Zebrastreifen bewegen, man sieht bunte Lichter, gelbe Taxis und vieles mehr. Plötzlich fährt ein Feuerwehrauto mit Sirene und blinkenden Lichtern durch das Gewühl. Du siehst dieses Auto einfach, du kannst es nicht nicht sehen.

So ist das auch, wenn du beim Fotografieren auf Motivsuche bist. Wenn du geduldig bist, siehst du in deiner Umgebung, etwa am Strand, nach einer Weile ganz von selbst die nächste Stelle, an der es weiter geht. Wie das weiße Kaninchen „winkt" diese Stelle, flirtet mit dir und zieht deine Aufmerksamkeit auf sich. Lass dich verführen, folge ihr einfach. Besonders deutlich spürst du das „Winken", wenn du dich dabei leise in Richtung Körpermitte fragst: *Was verlangt gerade meine Aufmerksamkeit?* Probiere es gleich mal aus.

Experiment 8: Finde eine Stelle, die winkt

Blick dich in dem Raum oder an dem Ort, an dem du dich befindest, um. Je uninteressanter der Ort für dich ist (in fotografischer Hinsicht), desto mehr kannst du aus diesem kleinen Experiment lernen. Frag dich also: *Was verlangt meine Aufmerksamkeit?* Lass deine Aufmerksamkeit „frei schweben", atme durch, schau deine Umgebung in Ruhe an und warte eine Weile.

Nimm die Empfindungen in deinem Brust- und Bauchraum wahr. Stell die Frage von Zeit zu Zeit neu. Irgendwo im

Raum findest du sicherlich etwas, was sich ein klein wenig interessanter anfühlt als der Rest. Irgendetwas ist „hervorgehoben". Sein wir doch mal ehrlich: *Das dort* ist doch ein klein wenig spannender als alles andere, oder?

Wenn ich das Experiment selbst durchführe, so fällt mir ein Kinderschuh auf, der auf meinem Schreibtisch steht. Der Schuh muss schon sehr alt sein. Ich habe ihn einst auf einem Flohmarkt gekauft. Er wurde noch von Hand geschustert und das Leder ist ganz vertrocknet, rissig und bereits halb zerfallen. Er enthält kleine, handgeschmiedete Nägelchen, die die Sohle am Rest des Schuhs festhalten. Der Schuh steht schon seit Langem hier. Ich habe ihn in den letzten Jahren nicht mehr so richtig beachtet. Jetzt gerade fällt mir eine Vertiefung auf. Eine Linie, die sich rings um den Schuh an der Vorderseite zieht. Sie wird von einem überlappenden Stück Leder gebildet. *Was sich wohl darunter verbirgt? Ob das Leder darunter noch etwas frischer ist?* Bei näherem Hinsehen fällt mir auch die elegant geschwungene Form des Leders am Schaft auf. Hier könnte ich beginnen, mit einer kleinen Fotosession. Am besten wäre es, den Schuh vor einem dunklen Hintergrund zu beleuchten, damit die geschwungenen Formen schön herausgearbeitet werden.

Verblüffenderweise funktioniert dieses kleine Experiment bei mir immer. Selbst, wenn ich mich in einer todlangweiligen Umgebung befinde; irgendetwas, und sei es noch so unscheinbar, fällt mir nach einer Weile immer auf. Wende diese kleine Übung während einer Fotosession an, wenn du zwischendurch nicht mehr weiter weißt. Besonders dann, wenn du meinst, bereits alles Interessante fotografiert zu haben. Atme durch, halte inne und frag dich: *Was verlangt meine Aufmerksamkeit?* Das weiße Kaninchen weiß immer, wo es weiter geht.

2.1 Streichle die Tür

Sobald du das Kaninchen winken siehst, folge ihm. Du weißt ja - es hat keine Zeit. Wenn du ihm nicht nachläufst, wird es wieder aus deinem Blick verschwinden und die Chance ist vertan.

Richte dich nun also auf die Stelle aus, die „winkt". Schau dich dort in aller Ruhe um. Nach einer Weile wirst du bemerken, welches Potenzial diese Motivstelle hat. Egal, ob du die Charakteristik einer Landschaft, die Körperbereiche eines Models oder eine merkwürdige Linienführung eines Gebäudes erkundest - das hier ist interessanter als der Rest. Hier kannst du die Tür zum visuellen Wunderland öffnen.

Um diesen zweiten Schritt zu vollführen, um also die Tür zu öffnen, gibt es einen Zauber, ein geheimes Sesam-Öffne-Dich. Der Zauber heißt: *Streichle die Tür behutsam, statt zu rütteln und zu schütteln.* Dann öffnet sie sich von selbst. Ich zeige dir, was ich damit meine und lade dich zu einer kleinen dreiteiligen Tür-Öffnungs-Übung ein. Du benötigst für diese Übung ein konkretes Foto, entweder ausgedruckt oder auf einem Display oder Monitor sichtbar. Leg das Buch kurz beiseite und mache erst weiter, wenn du ein Bild herausgesucht hast.

Experiment 9: Sesam-Öffne-Dich (Teil I)

Die Grundidee der Übung ist simpel: Schau dir das Foto einfach nur an und achte dabei aber nicht so sehr auf den Inhalt des Bildes, sondern mehr auf dich selbst. Genauer gesagt, achte darauf, *wie* du dir das Foto anschaust. Frag dich: *Was fällt mir bei mir selbst auf?* Beobachte dich selbst, wie du das Foto betrachtest - zunächst eine Minute lang, während du das Bild als Ganzes anschaust. Achte sorgfältig darauf, was du währenddessen denkst, fühlst und empfindest.

Als nächstes achte auf alle *Inhalte*, also auf die Gegenstände, Menschen oder Objekte, die du auf dem Bild wahrnimmst. Welche dieser Inhalte gehören zusammen, welche sind eher getrennt? Fahre nun mit der Spitze deines Zeigefingers auf jedem dieser einzelnen Bestandteile langsam entlang! *Wie fühlt sich das jeweils an?*

Trau dich, das Bild, das Kameradisplay oder den Computermonitor wirklich zu berühren. Achte währenddessen darauf, wie sich deine Körpermitte anfühlt. *Welche feine Resonanz tritt hier hervor, während ich das Bild betaste?* Lass die Spur deines Fingers von Entdeckungslust leiten. Achte darauf, wie der Felt Sense immer deutlicher spürbar wird, je mehr inhaltliche Details du abfährst. Achte bei den Stellen des Bildes, die dich am meisten faszinieren, besonders achtsam auf deine Körperempfindungen.

Natürlich fühlt sich die Oberfläche des Fotopapiers, Displays oder Monitors in Wahrheit glatt an. Du kannst dir während des Experiments jedoch vorstellen, du könntest die Seele der einzelnen Objekte direkt durch deine Fingerspitze hindurch unter der Glattheit erspüren.

An dieser Stelle kannst du das Experiment beenden und dich mit dem Gefühl, das du nun im Körper trägst, auf eine neue Motivsuche begeben. Falls du dich dafür entscheidest, achte vor allem auf die unterschiedlichen *Inhalte* deiner Fotos und auf deren Zusammenspiel.

Wenn du den Felt Sense in einem zweiten Schritt vertiefen möchtest, oder wenn du nach einer Fotosession wieder anknüpfen willst, kannst du Folgendes probieren:

Experiment 9: Sesam-Öffne-Dich (Teil II)

Suche dir neben den inhaltlichen noch weitere, eher *geometrische* Details, die du mit dem Zeigefinger erkunden kannst. So kannst du beispielsweise eine Minute lang alle *Linien, Knicke, Rundungen* und *Biegungen* erkunden. So, wie ein blinder Mensch die Pünktchen der Blindenschrift ertastet. Lass einfach deine Fantasie spielen ... tu so, als würden dir die kleinen Spitzen in den Finger stechen. Oder stell dir vor, du würdest das Bild mit dem Zeigefinger wie mit einem Bleistift „zeichnen". Wie fühlen sich die interessantesten Bildbereiche an? Dann nimm eine Minute lang alle *Farben* und *Hell-Dunkel-Schattierungen* des Bildes durch deinen Zeigefinger wahr. Welche Art von „Energie" liegt in den verschiedenen Farb-Stellen des Bildes verborgen? Welche feine Qualität entdeckst du in den hellen, welche in den dunklen Tönen? Dann erfühle die *Textur* aller Oberflächen. Wenn du auf dem Bild einen Stein siehst - wie würde es sich anfühlen, diesen Stein zu berühren? Wäre er warm oder kalt, glatt oder rauh, nass oder trocken? Oder die Haut des abgebildeten Gesichts - wäre sie ledrig, weich, warm? Ertaste auch unscheinbare Details des Bildes. *An welchen Stellen schlummert ein Zauber, der bisher noch nicht geweckt wurde?*

Während du Details auf achtsame Weise erkundest, entsteht in deinem Bauch eine Gefühls-Kopie, die du nicht mit den Augen sehen kannst. Wenn diese Kopie so deutlich fühlbar ist, dass du sie auch ohne die Berührung in deiner Aufmerksamkeit halten kannst, leg das Foto beiseite.

Auch an dieser Stelle kannst du das Experiment beenden und mit dem sanften, von diesem Foto inspirierten Bauchgefühl auf Fototour gehen. Achte dabei auf *Geometrie*, auf *Farben* und auf *Helligkeitsabsstufungen*.

Du kannst aber auch einen dritten und letzten Schritt versuchen:

Experiment 9: Sesam-Öffne-Dich (Teil III)

Nimm nur noch die Gefühls-Kopie wahr, die du von dem Foto angefertigt hast. Lass das Display (den Monitor, das Foto) los. Schließe die Augen. Spüre den feinen Details der Empfindungen in deiner Körpermitte nach. Lass den Felt Sense zu dem Foto in deiner inneren Wahrnehmung noch ein wenig deutlicher und klarer hervortreten.

Suche nach Worten, die das Gefühl in deiner Körpermitte beschreiben. Dieses Gefühl ist irgendwie ... *stachelig, glatt,* oder *wie ein Kloß.* Vielleicht spürst du auch eine Art *Kribbeln* oder eine *Aufregung* oder die Empfindung fühlt sich *feurig* oder *eiskalt* an. Finde eine Bezeichnung, die zu dem passt, was du jetzt empfindest. Gib dir genug Zeit, damit sich ein passendes Wort formen kann. Du kannst auch behutsam nachfragen, ob eine gefundene Bezeichnung wirklich passt oder ob es noch eine bessere gibt. Frag dazu direkt zur Resonanz hin: *Feurig - stimmt das schon so?*

Zum Abschluss dieses Experiments frag die *feurige, kloßartige, glatte, ... (wie auch immer)* Empfindung: *Wenn aus dieser Resonanz heraus ein Phantasiebild entstehen könnte - welches Bild wäre das?* Lass die Frage in Richtung der Empfindung hinabrieseln, indem du deine Stimme verwendest. Warte etwa eine Minute lang geduldig und neugierig. Wenn ein Fantasiebild entsteht, sieht es vielleicht so ähnlich aus wie die Fotografie, die du betastet hast, vielleicht aber auch völlig anders.

Den dritten Schritt des Experiments kannst du mehrmals wiederholen. Sobald du ein vages Bild vor dir siehst, male es behutsam aus. Mache es genauer und deutlicher und halte es gedanklich fest. Dann frage: *Welches weitere Bild möchte entstehen?* Warte wieder eine Weile, nimm alle Details wahr und lass dir Zeit. Frag ruhig auch noch ein drittes und ein viertes Mal nach neuen Fantasiebildern.

In ähnlicher Weise kannst du vorgehen, während du draußen in der freien Wildbahn die Kamera in der Hand hältst und durch den Sucher hindurch ein Motiv betrachtest. Achte zunächst

1. auf die einzelnen *Inhalte,* dann

2. auf *Geometrie, Helligkeit* und *Farben* und am Ende

3. auf deine eigene *Körperresonanz.*

Wenn du kein Kameradisplay hast, kannst du nicht deinen Zeigefinger verwenden - dann ertaste die Details mit deinem Blick. Streichle mit einem *weichen, liebenden Blick* alle Bilddetails, die du im Sucher erblickst. Schließe vielleicht sogar ab und zu die Augen, um zu spüren, welche Resonanz dein Motiv in deinem Körper hinterlässt.

Was immer während solch eines Experiments auf deiner inneren Leinwand zu sehen ist - du bist eingeladen, genau solche Fotos zu machen. Ganz gelingen wird dir das wahrscheinlich nie, denn manchmal passen die Fantasie und die reale Welt überhaupt nicht zusammen. Nehmen wir einmal an, du siehst in deiner Fantasie die Gesichtszüge einer alten Frau, befindest dich aber in einer norwegischen Fjordlandschaft, die menschenleer ist und in der gar keine alten Frauen herumlaufen. In diesem Fall finde heraus, was in dem Fantasiegesicht besonders charakteristisch ist - vielleicht eine bestimmte Linie, vielleicht die Augen. Finde in der äußeren Landschaft Annäherungspunkte, die so ähnlich sind wie diese Charakteristika. Suche also nach einer Gesteinsformation, Berglinie oder Wasserspiegelung, die der Linie deines Fantasiebildes oder der Augenform der Frau zumindest ein klein wenig nahekommt. Manchmal verändern sich Fantasiebilder auch ein wenig und passen sich den äußeren Gegebenheiten an.

Um das Experiment selbst durchzuführen, wähle ich ein Foto, auf dem versteinerte Schnecken zu sehen sind. Ich bin in einem ausgewaschenen Bachbett herumgeklettert, dessen Ränder aus Muschelkalk bestanden. Hier waren mehrere Steine zu finden, auf denen fossile Muscheln, Gräser und Schnecken erkennbar waren. Auf dem Foto sieht man die volle Versteinerung einer Schnecke als eine Spirale, und an einer abgebrochenen Ecke des Steins eine zweite Versteinerung. Man erkennt gut die Abbruchkante und im Hintergrund sind herkömmliche Steine zu sehen, die keine Abdrücke enthalten. Alles ist von Wasser benetzt, auf dem sich stellenweise weißlich das Licht des Himmels reflektiert. Wenn ich das Foto auf meinem Monitor berühre, spüre ich zunächst fast nichts. Ich fahre mit den Fingern über die Formen, streiche alles ab. Fahre mit der Fingerspitze über die Rundungen und fahre mit dem Rücken des Zeigefingers über die gleichförmigen Stellen; so als wollte ich alles, was einigermaßen glatt aussieht, ausschraffieren. Irgendwann stellt sich ein unscheinbares, ruhiges, *samtiges* Gefühl in meinem oberen Körperbereich ein (vorderer Brustraum). Als nächstes fahre ich gezielt mit meiner Fingerspitze über die gerundeten Spiralen des versteinerten Schneckengehäuses. Mich faszinieren vor allem zwei Bildstellen: Zum einen die Spiralen der Schnecken und zum anderen die sternförmig nach außen laufenden Linien innerhalb der Gehäuse. Es fühlt sich so an als ob die Schnecken in ihrem Inneren viele kleine Kammern gehabt hätten. Ein bisschen erinnern mich diese Formen auch an Sonnensymbole. Ich sehe eine strahlende, harte Sonne vor meinem inneren Auge, wie ich sie einmal auf alten ägyptischen Abbildungen gesehen habe (ich habe meine Augen noch gar nicht geschlossen, wie im dritten Teil der Übung beschrieben, als das Bild bereits in mir aufblitzt). Mein Ergebnis dieses Experiments: *Spiralen* und das *Sonnensymbol.* Damit kann ich mich in eine neue Fotosession begeben, bei der ich gezielt nach solchen Bildelementen Ausschau halte. Interessant wäre auch, beides zusammen zu bringen (d.h. überlappen zu lassen).

Je näher du dem innersten Wesen deines Motivs kommst, desto angenehmer werden sich die Empfindungen in deiner Körpermitte anfühlen. Wichtig ist mir, dich für folgende Diskrepanz zu sensibilisieren: Ein solches Stimmigkeits-Empfinden fühlt sich, unabhängig vom Inhalt deiner Bilder, stets gut und angenehm an. Selbst wenn du in einem düsteren Industriegebiet bei regnerischem Wetter an *bedrückenden* Fotos arbeitest, können sich die Empfindungen in deinem Körper in ein *Hochgefühl* verwandeln. Dann erlebst du, dass das, was du da gerade machst, genau das Richtige ist. Je differenzierter du die Empfindungen in deiner Körpermitte erkundest und je präziser du die inneren Bilder, die dabei „aufploppen", in deiner Phantasie ausmalst, je mehr dieser „spürigen Vorarbeit" du also leistest, bevor du tatsächlich den Auslöser betätigst, desto weiter öffnet sich die magische Tür in dein visuelles Zauberreich.

2.2 Ein kleiner Ruck

Jedes Mal, wenn ich es wage, eine Fotoidee umzusetzen, die aus einem Felt Sense heraus entstanden ist, überschreite ich eine kleine Grenzlinie. Ich verlasse die Komfortzone und dazu braucht es Mut. Wie die Entdecker, die vor Jahrhunderten ihre Stiefel auf das Land neuer Kontinente gesetzt haben, betrete auch ich in solch einem Moment fotografisches Neuland. Wenn ich mir einen kleinen Schubs gebe und auf diesem neuen Kontinent wirklich loslaufe, anstatt am Strand stehen zu bleiben, komme ich der Seele des Motivs ein Stückchen näher. Es ist so ähnlich wie beim Schlittenfahren - auch da braucht man am Anfang einen kleinen Ruck, um überhaupt in Fahrt zu kommen.

Wenn ich die Tür ins visuelle Wunderland erst einmal geöffnet und mit einem kleinen Ruck durchschritten habe, kann sich der darauffolgende Weg bald angenehm, manchmal sogar erregend und fesselnd anfühlen. Wie ein Wanderweg, der sanft und stetig hinein führt in ein sonnendurchflutetes Tal. Hinein in mein Tal, dorthin, wo ich in meinem Element bin, dorthin, wo ich mich wohlfühle, wo das Fotografieren genau mein Ding ist und wo es etwas gibt, das mich immer wieder aufs Neue fasziniert. Konkret heißt das: Ich mache dort einfach viele Fotos. Manchmal sehr viele. Entdecke und erkunde Dutzende Stellen, die winken. Es fühlt sich dann oft so an, als ob ich federnden Schrittes durch eine reiche Landschaft pilgere und behutsam all die kostbaren und merkwürdigen Pflanzen, Gegenstände und Lebewesen einsammle, die mir begegnen. Folge ich dem weißen Kaninchen, das mich durch das Tal leitet, so entdecke ich immer neue Details, immer neue Perspektiven und Aspekte, die ich auch noch festhalten möchte. Immer wieder steigen kleine Fotoideen in mir auf, wie Bläschen in Mineralwasser. Welche das sind, lässt sich nie vorhersehen.

2.3 Sortiere aus

Wenn du mit Hilfe des Kaninchens erste Stellen entdeckst, die sich spannend anfühlen, so kann ein ganz konkreter Handlungsschritt darin bestehen, das, was dir daran am interessantesten erscheint, *freizustellen.* Anders ausgedrückt:

Richte deine Kamera auf diese Motive. Dann blick durch den Sucher (oder aufs Display) und sortiere radikal *alles* aus dem Bildausschnitt aus, was dir *nicht* interessant vorkommt. Dies klingt ganz einfach - und das ist es auch. Die Herausforderung besteht darin, es tatsächlich zu tun.

Denn konkret stehst du vor einer paradoxen Aufgabe: Achte auf das Faszinierende, aber nimm zugleich auch das wahr, was sonst noch auf dem Bildausschnitt zu sehen ist. Auch und gerade *weil* es dich nicht interessiert. Beschäftige dich also für eine Weile auch mit den langweiligen Dingen. Nur so kannst du entscheiden, was wichtig und was unwichtig ist. Meist achten wir beim Fotografieren nur auf die Dinge, die uns faszinieren. Unser Auge und das Gehirn blenden alles andere automatisch aus - auch, wenn wir es tatsächlich im Blickfeld haben. Dann erscheint es trotzdem auf dem Bild, ohne dass wir es zuvor bemerkt hätten. Du selektierst das, was du wahrnimmst, jederzeit und automatisch. Auch jetzt gerade - achte mal darauf!

Experiment 10: Nimm auch die Umgebung wahr

Du schaust gerade auf das Buch, das du in Händen hältst. Lies weiter, aber achte auch darauf, was die Worte umgibt, über die deine Augen wandern. Was ist da zu sehen? Siehst du in der Umgebung deine Hand, die das Buch festhält? Den Daumen, der oben liegt? Die Seitenzahlen? Die Buchränder? Was nimmst du um DIESE Textstelle herum wahr?

Lies weiter, aber langsamer als gewöhnlich. Lass deinen Blick nicht von den Sätzen wegschweifen und erlaube deiner Aufmerksamkeit, noch weitere Kreise zu ziehen

- hin zum Blick-Rand. Nimm den Hintergrund wahr. Zum Beispiel den Raum, in dem du dich befindest. Was steht oder liegt dort? Angenommen, du sitzt in einem Zimmer ... nimm jetzt, während du weiterliest, auch hinter dem Buch die Einrichtung wahr. Die Möbel, den Teppich, die Wand oder den Fußboden. Welche Gegenstände erahnst du dort, vage, am Rande deines Sichtfelds?

All die Dinge, die dir während des Experiments aufgefallen sind, haben deine Augen die ganze Zeit über zwar *gesehen*, aber du hast sie nicht *bewusst wahrgenommen*. Du hast dich ausschließlich auf den Text konzentriert, obwohl all dies auch in deinem Blickfeld lag. Ein Grund hierfür liegt in der Art, wie menschliche Augen konstruiert sind. Eine Netzhaut hat einige Millionen Sehzellen. Diese Rezeptoren sind nicht überall gleichmäßig verteilt, sondern wurden im Laufe der Evolution äußerst optimiert angeordnet. Im Zentrum jeder Netzhaut befindet sich die sogenannte *fovea centralis*, die Stelle des schärfsten Sehens. Dort liegen die Sinneszellen dicht beieinander. Den Bereich der Umwelt, den wir mit dieser Stelle betrachten, nehmen wir äußerst scharf wahr. So, wie diesen Satz hier, während dein Blick über die Zeile wandert. Die Augäpfel richten sich so aus, dass die Buchstaben, die du liest, mittels der fovea wahrgenommen und mit der höchstmöglichen Auflösung registriert werden. Alles andere wird unscharf abgebildet, da es (für das Gehirn) momentan unwichtig ist.

Neben der technischen Unschärfe, die durch das Objektiv der Kamera entsteht, gibt es also noch eine natürliche, eine anatomische Unschärfe der Augen. Versuche, diese zweite

Art der Unschärfe ganz bewusst wahrzunehmen, um dir zu vergegenwärtigen, wie stark sie tatsächlich ist.

Experiment 11: Achte auf die anatomische Unschärfe deiner Augen

Halte deinen Blick kurz an (d.h. höre auf zu lesen), ohne vom Buch aufzublicken. Achte darauf, wie in deinem Blickfeld die Schärfe verläuft. Lenke deine Aufmerksamkeit auf die Ränder deines Blickfelds, ohne dabei die Augen umherspringen zu lassen. Lass die *Augen* selbst passiv bleiben, während deine *Aufmerksamkeit* umherwandert. Starre dazu HIER her.

Sicherlich bemerkst du: Zum Rand hin wird alles plötzlich sehr schnell sehr viel unschärfer. Die Stelle des schärfsten Sehens ist tatsächlich nur wenige Winkelgrad groß.

Führe ich die beiden letzten Experimente selbst aus, so „sehe" ich die Umgebung in meinem Werkstattzimmer, den Schreibtisch, den Computermonitor und meine Tastatur - und plötzlich auch tausend andere Dinge. Ich staune innerlich ein bisschen darüber, was hier alles herumliegt. Normalerweise fällt mir das nicht auf. (Ein Gedanke steigt auf: Ich könnte mal ein bisschen aufräumen.) Mir wird auch die Farbigkeit all der Dinge bewusst, die es hier gibt. Interessant, wie bunt das alles ist!

Der Eindruck, wir würden die gesamte Umgebung scharf sehen, ergibt sich dadurch, dass wir unser Blickzentrum ständig umherspringen lassen. Unser Gehirn setzt diese Einzelbilder zu einem scharf erscheinenden Gesamtbild zusammen, wobei jedes für sich genommen nur einen winzigen Teil scharf abbildet. Dies ist ein *sequenzieller* Vorgang, der fast ununterbrochen abläuft. Sogar wenn wir träumen, springen unsere Augen unter den geschlossenen Lidern hin und her. So entsteht die Illusion, dass wir unsere Umwelt überall *zugleich* scharf sehen. Wenn uns jedoch ein bestimmter Teil unserer Umgebung gar nicht interessiert und wir deshalb den Blick nie so richtig dorthin lenken, so bleibt er für uns „unscharf" und wir „sehen" ihn nicht. Allein aus diesem anatomischen Grund ist es verständlich, warum wir einen Teil des Sucherbildes der Kamera nicht bewusst wahrnehmen.

Beim fertigen Foto ist das freilich anders. Die Kamera hat keine fovea centralis. Die Dichte der Einzelsensoren, aus denen sich der Sensorchip zusammensetzt, ist überall gleich (falls du eine Digitalkamera verwendest). Auch die Dichte der chemischen Moleküle auf dem Filmmaterial ist überall gleich (falls du auf Film fotografierst). Die Kamera „sieht" also viel mehr als ein Mensch und bildet alles (innerhalb der Grenzen, die das Objektiv vorgibt) gleich scharf ab.

Neben den anatomischen Strukturen des menschlichen Auges gibt es eine Reihe neurologischer und psychologischer Mechanismen, die das, was wir wahrnehmen, sortieren und weiterverarbeiten. Auch unsere Bedürfnisse beeinflussen, was wir wahrnehmen und was nicht. Wenn du einen Postkasten brauchst, weil du einen Brief einwerfen möchtest, fällt dir die Farbe *Gelb* ganz bestimmt stärker auf als sonst. Und wenn du großen Hunger hast, entdeckst du plötzlich überall in der Stadt Imbissstände und Bäckereien, die du noch gar nicht gekannt hast.

Der gelbe Postkasten und die Unschärfe-Experimente sollen eines verdeutlichen: Verlass dich nicht darauf, dass nur das, was du durch den Sucher der Kamera siehst, am Ende auf dem Foto ist. Die Kamera „sieht" mehr und anders als du. Nimm dir deshalb Zeit und schaue tatsächlich *aktiv* alles genau an, was im Bereich des Suchers der Kamera (oder auf dem Display) erscheint. Schaue nicht durch den Sucher *dort hinaus* in die Welt, sondern schaue das Bild selbst an, das *hier*, im Sucher (oder auf dem Display), sichtbar ist.

Erinnerst du dich an das „winkende" Objekt, das du in deiner direkten Umgebung gefunden hast? Die Stelle, die dir (wie das rote Feuerwehrauto) interessanter erschien, als der Rest? Fotografiere in der nächsten Fotoaufgabe *nur* diese Stelle.

Experiment 12: Stelle die „winkende" Stelle frei

Blicke dazu durch den Sucher und schaue zuerst mit einem starren Blick ausschließlich direkt auf dieses Objekt. Was sich im Sucherbild rings herum befindet, erscheint (wie vorhin die Umgebung, die das Buch umrahmt hat) unscharf. Schau dann das „anatomisch Unscharfe" um das Objekt herum Stück für Stück genau an, so dass du auch diese Dinge „anatomisch scharf" siehst. Was ist da zu sehen? Katalogisiere, was du findest, auf einer Art Gedächtnis-Liste.

Und dann sortiere diese Dinge konsequent aus. Verändere dazu den *Abstand* (näher oder weiter weg), den *Standpunkt* (weiter links oder rechts), den *Blickwinkel* (mehr von oben oder von unten), die *Brennweite* deines Objektives (heran zoomen oder weg zoomen) und, falls möglich, die *Schärfen-*

tiefe (hohe oder niedrige Blende). Setze Filter ein, platziere den Gegenstand woanders, verdecke unwichtige Details - tu alles, was dir möglich ist. Deiner Fantasie sind keine Grenzen gesetzt, um diese Aufgabe umzusetzen.

Versuche, die Stelle, die dich fasziniert, möglichst *rein* aufs Bild zu bekommen. So, dass man (fast) nichts anderes mehr sieht, aber auch so, dass das resultierende Foto interessant bleibt!

Bei der Weinauslese werden am Ende auch nur die reifsten, edlen Trauben verwendet. Lass am Ende einer Fotosession nur die edelsten Details eines Motivs auf einem Bild erscheinen. Fotografiere nur noch Ausschnitte oder markante Teilbereiche eines Objekts. Siebe genüsslich zwei-, drei-, viermal aus, indem du immer wieder den starren Blick anwendest - versuche jedes Mal, noch mehr aus dem Bild herauszunehmen. Beschneide das Bild systematisch und konsequent zugunsten dessen, was dich fesselt: Zeige so wenig wie möglich und so viel wie gerade nötig. Lass dich umgarnen, verzaubern und trunken machen von den vorzüglichsten Stellen. Sei wählerisch, mäkelig und verschwenderisch.

Auch wenn dir das in anderen Lebensbereichen dekadent vorkommen mag: Schneide aus deinem Motivfeld wirklich nur die allererstklassigsten Filetstückchen heraus. Auch ansonsten „gute" Stellen darfst du ohne eine Spur von schlechtem Gewissen ignorieren oder wegwerfen, wenn sie den Blick frei machen für das, was wirklich zählt.

Um das Experiment selbst durchzuführen, wähle ich den Kinderschuh, der mir weiter oben (in Experiment 8) bereits aufgefallen war. Anstatt ihn mit künstlichem Licht anzustrahlen, stelle ich ihn einfach in die pralle Mittagssonne auf meinem Balkon. Ich schalte meine Kamera in den Makro-Modus. (Ich besitze momentan nur noch eine kleine Handkamera, denn ich habe vor einiger Zeit meine gesamte Profi-Ausrüstung, und damit auch mein gutes altes Makro-Objektiv, verkauft. Warum ich mich zu diesem Schritt entschlossen habe, ist eine eigene Geschichte.) Es fällt mir zunächst etwas schwer, die Linienführung so zu wählen, dass wirklich nur der überlappende Bereich am vorderen Teil des Schuhs auf dem Bild ist. Man sieht den Balkonboden immer im Hintergrund, die rotbraunen Fliesen. Durch Zufall fällt der Schatten meines Kopfs dorthin. Ich bewege meinen Kopf so, dass der Schatten im Hintergrund liegt, aber nicht auf dem Schuh. Dadurch verschwindet der Hintergrund ein wenig aus dem Blick. Dennoch befriedigt mich das resultierende Foto nicht so ganz. Es ist fast so, als ob jetzt „zu wenig" auf dem Bild zu sehen ist. Nur eine winzige Stelle ist scharf und der Rest verschwommen - das ist fast schon langweilig. Meine Idee ist, am Blendenring der Kamera zu drehen (höhere Blendenzahl). Damit steigt die *Schärfentiefe* ein wenig und die feinen Nadelstiche um die Überlappung herum werden auf der ganzen Linie über die Schuhbreite hinweg sichtbar. Diese interessante Aussicht erkaufe ich mir allerdings damit, dass nun auch die Balkonfliesen wieder deutlicher sichtbar werden. Mehr Schärfentiefe bedeutet eben auch, dass mehr Unwichtiges scharf dargestellt wird.

Als ich nach der kleinen Fotosession diese Zeilen in meinen Computer eintippe und über die Möglichkeiten, die ich habe, nachdenke, fallen mir zwei weitere Dinge ein: Zum einen könnte ich den Schuh umdrehen und die kleinen Nägelchen an der Sohle fotografieren. Die Sohle ist nur noch halb erhalten und man sieht den Übergang vom „zerfetzten" Teil des Schuhs hin zum noch „gesunden" Teil gut. Das wäre vielleicht ein spannenderes Motiv als nur die Stelle oben an der Vorderseite. Zum anderen könnte ich den Schuh bewusst in eine bestimmte Umgebung setzen und ihm dadurch eine veränderte kontextuelle Bedeutung geben. Durch die Kombination mit einer anderen interessanten Stelle bekommt ein Foto oft eine neue Aussage. Was ich damit meine, möchte ich im Folgenden genauer beschreiben.

2.4 Kombiniere, kombiniere...

Wenn du ein paar interessante Stellen in deiner Umgebung eingesammelt und behutsam deren „visuelle Essenz" freigelegt hast, kannst du einen Schritt weiter gehen. Versuche, zwei oder drei dieser Stellen bedacht miteinander auf dasselbe Foto zu setzen. Je deutlicher ein spezifischer Felt Sense für jedes dieser einzelnen Bildelemente wahrnehmbar ist, desto ausgeprägter wird auch dein Gespür dafür sein, welche davon sich gut miteinander kombinieren lassen. Wenn du konkrete Kombinationen ausprobierst, achte darauf, bei welchen Varianten du *Spannung* oder *Ruhe* fühlst.

Du kannst die verschiedenen Möglichkeiten erst einmal in der Fantasie ausprobieren. Wenn du schon etwas Erfahrung mit deiner Ausrüstung gesammelt hast, kannst du dabei auch technische Aspekte einbeziehen. Du kannst dir dann beispielsweise vorstellen, welche *Brennweite* (heranzoomen oder wegzoomen) welchen grafischen Eindruck auf der resultierenden Aufnahme hinterlassen wird. Auf diese Art simulierst du in deiner Vorstellung unterschiedlichste gestalterische Resultate, aus denen du die interessantesten auswählen und auf dem Bild umsetzen kannst. Deine Fantasie ist das Testlabor, in dem du selektive Vorentscheidungen treffen kannst.

Natürlich braucht es auch dafür ein wenig Übung. Je öfter du dir vorstellst, welches Spektrum an fotografischen Möglichkeiten du in einer bestimmten Situation hast, desto mehr wirst du diesen „Kreativitätsmuskel" trainieren und desto spielerischer wirst du ihn mit jedem neuen Versuch einsetzen können.

Probieren wir das gedankliche „Simulieren" von fotografischen Möglichkeiten gleich mal aus. Falls du dir dieses Experiment möglichst einfach machen willst, verwende Papier und Bleistift, um die entsprechenden Möglichkeiten zu skizzieren.

Experiment 13: Kombiniere Objekte miteinander (Teil I)

Kehren wir noch einmal zu dem am Anfang dieses Kapitels genannten Beispiel mit der Landschaft am Meer zurück. Rufe dir diese Landschaft so, wie du sie in deiner Phantasie wahrgenommen hattest, erneut in Erinnerung. Nehmen wir an, du kombinierst nun die gleichmäßige Linie des Horizonts mit den geschwungenen Linien eines Fischerbootes am Strand. Stell dir vor, wie diese beiden Muster zusammenwirken. Nimm dir Zeit, um dir eine solche Komposition vor dem inneren Auge auszumalen: *Geschwungene* Linien des Fischerbootes - *gleichmäßige* Linie des Horizonts. Welche Empfindung entsteht bei diesem Zusammenspiel in deiner Körpermitte? Schließe die Augen und gib deinem Felt Sense ein wenig Zeit, um heranzureifen. Dann variiere:

- Wie fühlt es sich an, wenn die Horizontlinie *waagerecht* verläuft, die Spitze des Bootes *zentral* in der Bildmitte platziert ist und direkt T-förmig auf den Horizont deutet?

- Wie fühlt es sich an, wenn das Boot *schräg* auf den Horizont zuläuft? Was empfindest du bei dieser Variante in deiner Körpermitte?

Wahrscheinlich fühlt sich jede dieser beiden Möglichkeiten ein wenig anders an. Welche Empfindungen gefallen dir besser - diejenigen bei *gerade* oder die bei *schräg* verlaufenden Boots-Linien?

Wenn ich mir die erste der beiden oben genannten Möglichkeiten vorstelle (das Boot läuft T-förmig auf den Horizont zu), dann spüre ich ein sehr energiegeladenes Gefühl, das von unten nach oben meinen Brustraum durchfließt. Die Spitze des Bootes durchbricht die Linie des Horizonts. Das fühlt sich so an, als ob eine Schusswaffe abgefeuert wird. PENG! Wenn ich mir die zweite Variante vorstelle (das Boot liegt schräg in der linken Bildhälfte), nehme ich ein leichtes Schaudern in meiner Körpermitte wahr. Es treten Assoziationen auf, die an einen Diwan (eine Art Bettsofa ohne Lehne) erinnern. Bei Variante eins würde ich alles dran setzen, das Bild möglichst geometrisch korrekt darzustellen. Das Boot muss *exakt* in der Mitte sein, die Seitenlinien des Bootes müssen *exakt* symmetrisch sein. Bei Variante zwei würde ich versuchen, die Linien des Bootes möglichst unsymmetrisch verlaufen zu lassen. Ich würde besonders darauf achten, wo Licht- und Schattenlinien die Symmetrie noch mehr stören, damit das Geschwungene möglichst viel Raum bekommt und dem gerade ausgerichteten Horizont gegenübersteht. Insgesamt gefällt mir Variante zwei besser. Sie enthält mehr Spannung, wirkt verspielter. Bei Variante eins wird der Blick einfach aus dem Bild transportiert und es passiert ansonsten nichts mehr. Variante zwei lässt den Blick des Betrachters länger auf dem Bild verweilen, es enthält mehr Tiefe und mehr intrikate („verwickelte") Stellen.

Du kannst das obige Experiment noch ein wenig weiterspinnen. Je weiter du dich in unkonventionelle Vorstellungen hinauswagst, desto mehr lockern sich deine „gestalterischen Muskeln" (je mehr Varianten du dir in deiner Fantasie vorstellen kannst, desto kreativer wirst du dann in der konkreten Umsetzung sein). Achte auch beim zweiten Teil des Experiments darauf, welche Kombinationen sich gut anfühlen. Lass jedes Mal einen Felt Sense entstehen, wenn du dir eine weitere Idee ausmalst. Sei dabei durchaus mutig und unkonventionell - je merkwürdiger deine Ideen sind, desto mehr weitet sich dein gesamter Handlungsspielraum. Je mehr Dimensionen deiner Fantasie offen stehen, desto mehr Freiheitsgrade hast du, wenn du deine Bilder dann konkret ausgestaltest. Selbst wenn du dich am Ende dafür entscheidest, ein Bild ganz konventionell aufzuteilen (z.B. nach der Regel des goldenen Schnitts), haben die entstandenen Fotos mehr inhaltliche Tiefe. Dann hast du dein Motivfeld aus verschiedensten Perspektiven durchdacht und verstehst es besser.

Experiment 13: Kombiniere Objekte miteinander (Teil II)

Was empfindest du, wenn die Horizontlinie des Meeres nicht *waagerecht*, sondern *diagonal* verläuft und die Linien der Bootsränder *horizontal*? Wie fühlt es sich an, das Boot *von unten her* zu fotografieren, so dass der Horizont des Meeres *ganz am unteren Bildrand* erscheint? Oder du fotografierst das Boot *von oben*, so dass man den Horizont ganz *am oberen Bildrand*, also über dem Boot, sieht? Was empfindest du bei der Vorstellung, *ganz nah* an eine einzelne Bootsplanke heranzugehen und alles andere bis auf einen kleinen Rest des Horizonts auszusortieren? Oder stell dir vor, du watest ins Wasser und fotografierst das Boot vom Meer aus, mit den auslaufenden Wellen im Vordergrund (am Horizont sind dann beispielsweise Dünen zu sehen). Frag dich: *Wo gibt es weitere Freiheitsgrade?* Welche weiteren Objekte könntest du zu den beiden bisherigen Elementen (Boot und Horizont) in Verbindung setzen? Achte darauf, wann du *Spannung* und wann du *Ruhe* empfindest.

Lustigerweise stelle ich mir seit dem nicht ganz geglückten Versuch, den alten Schuh zu fotografieren, immer wieder aufs Neue vor, wo ich den Schuh überall platzieren könnte, um ein interessantes Foto zu erzeugen. So sah ich ihn schon in meiner Phantasie in den Blumenkästen auf meinem Balkon, auf der Frontablage meines Busses und ich sah ihn (wie den Gartenzwerg im Film „Die fabelhafte Welt der Amélie") vor dem Eiffelturm stehen. Jetzt sehe ich vor meinem inneren Auge, wie er in einer Ecke des Bootes liegt und von Wasser umspült wird. Das würde der ersten, streng geometrischen Variante eine neue Wendung geben: Alles ist exakt symmetrisch, aber in einer dunklen Ecke entdeckt man die feinen Linien des alten Kinderschuhs. Wie mag er wohl dort hin gekommen sein?

Wenn du deine Vorstellungskraft konsequent ausnutzt, um in jeder neuen Situation schon mal einen Entwurf für eine reduzierte Abbildung des Motivs zu skizzieren, erweiterst du deine kreative Reichweite mit einem Schlag um ein Vielfaches. Du wirst dir nach einiger Zeit so viele mögliche Kombinationen vorstellen können, dass du gar nicht jede einzelne Idee umsetzen wirst. Dann hast du nicht nur in deinem Motivfeld, sondern auch in der Fantasie die Wahl: Pflücke aus der Fülle nur diejenigen Ideen, die sich am vielversprechendsten anfühlen.

2.5 Fotografiere, was stört

Meistens lässt es sich nicht vermeiden, dass andere als die gewünschten Details auf unseren Fotos mit auftauchen. Selbst wenn wir sorgsam die allermeisten unwichtigen Elemente aussortiert haben, ist dies so. Das Strand-Beispiel der letzten Abschnitte war natürlich von mir konstruiert. In der Fantasie lässt es sich leicht ausmalen, dass das Boot und der Horizont des Meeres die einzigen Bildelemente sind, mit denen wir es zu tun haben. Die Realität sieht immer anders aus, sie ist immer „schmutziger" als das, was wir uns vorstellen. So kann es beispielsweise sein, dass sich neben dem Boot Seile, ein tragbarer Motor oder Eimer befinden. Oder das Material, aus dem es hergestellt ist, ist profanes Plastik. Oder im Sand des Strandes liegen Unmengen von Müll und PET-Flaschen herum, oder man sieht ans Land gespülte Quallen, Schwemmholz und Berge von Algen. Oder die Wellen des Meeres sind so hoch, dass sie den Bildaufbau stören. Oder direkt vor der Linse fährt zum tausendsten Mal ein Surfer vorbei. Manchmal ist es auch gar nicht so leicht, zu benennen, was es so schwierig macht, eine Gestaltungsidee umzusetzen.

Manchmal spüre ich einfach ein unterschwelliges Hintergrundgefühl, während ich nach verschiedenen Möglichkeiten suche, mein Motiv festzuhalten. Dieses Gefühl schleicht sich in mir ein, bleibt anfangs vielleicht noch relativ unbemerkt. Aber es wird stärker, je mehr ich aussortiere und gestalte. Irgendwann überschreitet es die Bewusstseinsschwelle und fällt mir unangenehm auf. Trotzdem mache ich erst einmal weiter, obwohl es meinen Handlungsspielraum einengt. Manchmal wird es sogar so stark, dass ich gar nicht mehr in der Lage bin, klare Entscheidungen zu treffen.

Müsste ich dieses Gefühl mit Worten wiedergeben, wäre es so zu beschreiben: *Da stört mich was die ganze Zeit.* Oder: *Irgendwie klappt das nicht.* Oder: *Ich krieg's einfach nicht hin.* Oder: *Ich bin blockiert - das ist zum Verzweifeln.* Oder einfach nur: *Ahhhh... Verdammt!* Wenn das Gefühl stärker wird, fühlt sich alles *drängend* und zugleich wie ein *Brennen* oder *Spannen* im Körper an. Oder wie ein: *Ich muss kämpfen!* oder ein: *Ich komme einfach nicht voran!*

Aus psychologischer Sicht ist der Augenblick, in dem eine solche Blockade aufkommt, äußerst spannend. In psychotherapeutischen Gesprächssituationen ist sie ein Hinweis darauf, dass der Klient „an etwas dran ist". Ähnlich verhält es sich in der Fotografie. Ein solches Gefühl muss nicht unbedingt etwas sein, was ausschließlich stört und behindert. Im Gegenteil: Das Knirschen, das Reiben, das die Blockade mit sich bringt, kann unter Umständen sehr fruchtbar sein. Eine Blockade kann im magischen Tal den direkten Weg zum Mittelpunkt der Welt weisen.

Damit dies geschieht, ist es wichtig, dass wir uns nicht vom Frust überrollen lassen. Wenn die Blockade so stark werden würde, dass wir nur noch aus diesem Gefühl bestünden (wenn dieses Gefühl also *zu* groß werden würde), wären wir ihm hilflos ausgeliefert. Dann könnten wir nicht mehr mit den Empfindungen arbeiten.

Die Alternative heißt: Bleibe entspannt und experimentiere! Mach es dir dabei so leicht wie möglich. Wenn das Gefühl zu stark wird, gehe einfach aus der Situation heraus. Verlasse zeitweilig den Ort des Geschehens. Mach eine kurze Pause, trink etwas, atme durch, ruf jemanden an, höre ein bisschen Musik, „erde" dich wieder und gewinne Abstand. Wenn du wieder sicheren Boden unter den Füßen hast, kehre (am besten langsam) zurück. Nimm das Gefühl wieder wahr. Spüre, wie es im Kleinen frisch entsteht. Versuche, ein Wort zu finden für das, was du empfindest. Bleib mit deiner Aufmerksamkeit im Brust- und Bauchbereich und lass den Satz hinabrieseln: *Ich bin blockiert.* Überprüfe, wie dein Inneres reagiert. Fühlt es sich von dem Satz gemeint? Probiere auch andere Sätze: *Irgendetwas knirscht.*

Vielleicht reagiert die Resonanz auf diesen zweiten Satz ein wenig deutlicher. Du kannst auch probieren: *Irgendwas macht mir Bauchschmerzen*, oder: *Ich stecke fest*.

Wenn du in gutem Kontakt mit dem Gefühl stehst (du kannst es ganz ähnlich wie einen Felt Sense behandeln - es ist in diesem Fall eine Art „Stör-Felt-Sense"), dann frag dich: *Was genau ist es denn, was mich stört?* Oft ist es hilfreich, nach einer konkreten, sichtbaren Stelle zu suchen, die mit den Empfindungen, die ich spüre, zu tun hat. *Welche Stelle meines Motivbereichs erzeugt das in mir?* Ich versuche dann, das Gefühl *draußen* in meiner Umgebung zu orten, es einzugrenzen. Nach einiger Zeit entdecke ich vielleicht etwas, was das in mir hervorruft: *Da kommt das her.* (Natürlich kann es auch sein, dass es beispielsweise ein Geruch oder bestimmte Geräusche sind, die mich ablenken und damit eine Blockade erzeugen. Falls das so sein sollte, versuche ich, eine visuelle Stelle zu finden, die mit dem Geruch oder den Geräuschen korrespondiert).

Schaue ich genauer hin, so finde ich meist irgendein Detail, das ich bereits gesehen, aber ignoriert hatte. Ich bin mir also bereits bewusst, dass dieser Aspekt existiert, jedoch war mir die *fotografische Wirkung* dieser Stelle bisher nicht deutlich. *Aha. Du bist also das, was mich stört.* Meist bin ich ein wenig erleichtert, sobald ich eine Ahnung davon bekomme, welche Bedeutung einer solchen Stelle zukommt. Natürlich habe ich damit das ursprüngliche Problem noch nicht gelöst (nämlich mein Bild zu gestalten). Ich gewinne jedoch wieder Handlungsspielraum und kann meine Strategie ändern.

In der oben beschriebenen Strandlandschaft kann es beispielsweise sein, dass da Schilder stehen, auf denen Regeln für das Verhalten am Strand aufgelistet sind. Vielleicht kann man auch Preistabellen für das Anmieten von Strandkörben erkennen. Oder das Verbot, Hunde frei laufen zu lassen, wird mit kleinen roten und grünen Grafiken dargestellt. So richtig passt das alles nicht zu meiner Idee von den „romantischen" Strandbildern, die ich ursprünglich machen wollte. Wenn mir jedoch bewusst wird, dass diese Schilder auch mit dazu gehören, kann ich meine Strategie ändern. Ich probiere dann beispielsweise, dieses anfangs störende Detail zum neuen Hauptmotiv zu machen. Ich kann sehr nah an diese Stelle herangehen und versuchen, andere Elemente dazu in Beziehung zu setzen. Ein neuer Weg hat sich geöffnet: *So kann ich weiter machen.* Auch hier kommt es nun darauf an, wieder auszusortieren und zu kombinieren, aber ich bin jetzt einen Schritt weiter. Die Bildaussage wird damit freilich eine völlig andere.

Die interessantesten Bilder entstehen immer dann, wenn meine Neugier stärker wird als der Wunsch, einen vorgefassten Plan umzusetzen. Wenn das weiße Kaninchen zum ersten Mal „winkt" und ich in ein neues Motivfeld eintrete, entdecke ich so manches, was ich schon kannte, aber das meiste ist neu. In diesem Bereich des Tales mache ich viele interessante Fotos und es gibt eine beträchtliche Anzahl von Möglichkeiten. Ich spiele, tobe mich aus, entdecke und gestalte. Irgendwann entsteht das oben beschriebene Gefühl: *Irgendwas hier ist merkwürdig. Hier stimmt was nicht. Irgendwas stört.* Ich weiß erst einmal nicht mehr, was ich tun soll. Wenn ich geduldig bin und diesem *Etwas stört-*

Gefühl wie einem neuen Wegweiser folge, entdecke ich mitten in der Landschaft des Tales eine weitere Pforte. Sie war die ganze Zeit über da; ich bin bloß immer wieder vorbei gelaufen und habe sie nicht ernst genommen. Wie bei antiken griechischen Tempeln, die zwei getrennte Räume hatten, kann ich hier in den inneren, den „heiligen" Bereich des Tals eintreten. Das, was ich hier sehe, gehört ebenso zu dem Tal, wie all die Stellen, die ich bereits fotografiert habe. Und doch erkenne ich in den Lebewesen, Pflanzen und Gegenständen in diesem „inneren Bereich" noch mehr das eigentliche Wesen des Tals. Zum Strand meines Beispiels gehören eben auch die Schilder dazu, die das Verhalten der Besucher regeln. Auch wenn ich das anfangs nicht wahrhaben wollte.

Gisela Farenholtz, eine befreundete Fotografin[2], hat einen ähnlichen Übergang vom Sich-Sperren hin zum Annehmen so beschrieben: *Zum Beispiel habe ich ein bestimmtes Objektiv nicht dabei (und ärgere mich). Oder ich hätte gerne anderes Licht (und ärgere mich) und versuche, das Licht mit Hilfe von Filtern an meine Vorstellungen anzupassen - das klappt nicht. Wenn ich einen Schritt weiter gehe und das, was da ist, wirklich (wirklich!) annehme, dann werden die Fotos besser.*

Wenn du dich auf die tatsächliche Realität der situativen Gegebenheiten einlässt, wird es dir immer so gehen, dass sich etwas Wesentliches ändert. Vielleicht siehst du plötzlich bestimmte Maserungen im Holz von Bäumen, die vorher nur gestört haben und jetzt ganz eindringlich sind. Oder du entdeckst charakteristische Fältchen im Gesicht eines

---

[2]www.unter-dem-himmel.de

Models, die ein ganz anderes Lebensgefühl vermitteln als das, was du bisher über diesen Menschen zu wissen meintest. Oder du beobachtest den merkwürdigen Verlauf eines Waldrands, der gar nicht zu den anderen Linien passen will, die die restliche Landschaft ausmachen. Oder dir fällt eine kleine, vermüllte Stelle in einer ansonsten sehr gepflegten Straße auf, die viel darüber aussagt, wie sich die Leute, die hier leben, nach außen hin darstellen.

Das, was du in diesem „heiligen Bezirk" fotografierst, ist persönlicher und gibt mehr von der Eigenheit preis, die dein Tal auszeichnet. Du handelst vermutlich behutsamer, denn du erfährst hier intimere Details von dem, wer in diesem Tal lebt und davon, wie er lebt. Störende Stellen im Motivfeld sind Eintrittspforten zu solch „heiligen Bezirken".

2.6 Lass den Zeigefinger einrasten

Kurz vor dem Auslösen einer Belichtung gibt es eine kleine, verräterische Falle, in die ich gerne hineintappe: Ich hake eine Idee ab, während ich noch durch den Sucher blicke, aber bevor ich das Foto tatsächlich gemacht habe. Ich überprüfe schnell noch einmal die Proportionen und drücke den Auslöser, ohne dabei noch irgendetwas zu spüren. Ich bin genaugenommen mit meinen Gedanken schon wieder bei anderen Ideen und erfülle quasi nur noch die „Formalität", diese alte Idee auf Speicherkarte festzuhalten.

Natürlich hat ein so entstandenes Foto weniger inhaltliche Tiefe als eines, bei dem ich bis zum allerletzten Moment voll und ganz *da* war. Auch wenn zwei Bilder dasselbe abbilden und aus der gleichen Perspektive, mit der gleichen Brennweite, im Abstand von nur wenigen Sekunden aufgenommen worden sind - man sieht es einfach. Das eine Foto ist dann ganz okay, vielleicht sogar interessant. Das andere hingegen hat das gewisse Etwas, den Zauber, der ein ganz besonderes Foto von einem anderen (durchaus guten) Foto unterscheidet.

In einer bekannten Kampfszene der (alten, noch guten) Star-Wars Filme schaltet Luke Skywalker den Ziel-Computer aus und überlässt sich seiner Intuition. Er feuert sozusagen „mit geschlossenen Augen" und zerstört so den feindlichen Todesstern. Übernimm die geistige Grundhaltung des jungen Jedi-Ritters. Lass nicht deinen „Kopf-Computer" wie einen Bürokraten darüber entscheiden, wann der entscheidende Moment gekommen ist. Übergib auch diesen letzten Schritt deinem Felt Sense. Löse also erst dann aus, wenn ein deutlicher Jetzt-Impuls, der in deiner Körpermitte entsteht, dies so will.

Bei mir taucht ein solcher Impuls (bei den wirklich guten Fotos) gar nicht als innerlich gehörtes Wort oder gar als Befehl auf, sondern „es tut sich" genau im richtigen Moment von selbst. Nicht ich fotografiere, sondern *es* fotografiert. Eugen Herrigel beschreibt einen solchen Moment in seinem Buch über die Kunst des Bogenschießens so:

> Sie können von einem gewöhnlichen Bambus-
> blatt lernen, worauf es ankommt. Durch die Last
> des Schnees wird es herabgedrückt, immer tiefer.
> Plötzlich rutscht die Schneelast ab, ohne daß das
> Blatt sich gerührt hätte. Verweilen Sie ihm gleich
> in der höchsten Spannung, bis der Schuß fällt. So
> ist es in der Tat: Wenn die Spannung erfüllt ist,
> muß der Schuß fallen, er muß vom Schützen ab-

fallen, wie die Schneelast vom Bambusblatt, noch ehe er es gedacht hat.[3]

In solchen vollkommenen (und auch bei mir durchaus seltenen) Fotomomenten gebe ich vollständig die Kontrolle ab. Manchmal halte ich vorher regelrecht den Atem an und warte einfach - und versuche währenddessen, so genau wie möglich *alles* im Blick und im Gefühl zu halten. Nicht mehr ich selbst, sondern mein Motiv entscheidet dann darüber, ob und wann es fotografiert werden möchte. Wenn mir etwa ein Flusslauf nicht „erlaubt", sich ablichten zu lassen, gibt er sich in den feinen Empfindungen in meiner Körpermitte nicht frei, er offenbart sich nicht. Ich empfinde dann nicht sein Wesen, seinen Charakter, und auch der Auslöseimpuls bleibt aus. Die Kunst, mit solch einer Situation umzugehen, liegt in einer paradoxen Haltung der absichtsvollen Absichtslosigkeit. Ich bin in solch einer Haltung offen auch dafür, dass das, was ich hier tue, noch nicht stimmig sein könnte. Eine solche Erkenntnis mag sich - wenn sie denn eintritt - durchaus ein wenig schmerzhaft anfühlen. Erst wenn ich mir eingestehe, dass das, was ich hier im Sucher zusammengestellt habe, noch *nicht* gut ist und wenn ich auch den kleinen Schmerz erlaube, der mit diesem Eingeständnis einher geht, öffnet sich (eröffne ich) die Möglichkeit dafür, dass sich (dass ich) etwas ändern kann.

Ich kann dir nicht uneingeschränkt empfehlen, (so wie Luke Skywalker) die Zielvorrichtung ganz auszuschalten - also beim Fotografieren die Augen zu schließen. Dennoch

---

[3]Herrigel, E. (1970): Zen in der Kunst des Bogenschiessens. Weilheim: Barth. S. 60

möchte ich nun ein Experiment vorschlagen, das zumindest in diese Richtung geht.

Experiment 14: Fotografiere mit dem Buddha-Blick

Bei Statuen, die Buddha beim Meditieren zeigen, sind meist die Augenlider halb geschlossen. Ein solcher Blick ist nach innen und nach außen zugleich gerichtet. Ein Meditierender lässt Gedanken, Gefühle und Wahrnehmungen einfach vorüberziehen, so wie Wolken, die am Himmel weiterziehen. Er nimmt auch seine unmittelbare Umgebung wahr. Fotografiere nun auch du mit solch einem meditativen Blick. Stelle hierzu zunächst eine interessante Bildkomposition zusammen, nach allen Regeln der Kunst. Dann schau mit halb geschlossenen Augenlidern durch den Sucher oder auf das Display deiner Kamera. So, dass du das Bild zumindest noch grob im Blick hast und zugleich auch so, dass du dein gegenwärtiges Empfinden in deinem Gewahrsein hältst. Verweile bei dem Bild und bei deinem Empfinden, ohne intentional den Verschluss der Kamera auszulösen. Erlaube in diesem Experiment absichtlich auch die Möglichkeit, *nicht* auszulösen. (Es kann also sein, dass du am Ende dieses Experiments kein einziges Foto gemacht haben wirst.) Beobachte stattdessen aufmerksam (etwa ein bis drei Minuten lang), wie sich der Drang, auszulösen, in deiner Körpermitte anfühlt. Wie merkst du, dass du auslösen *willst*?

Um das Experiment selbst durchzuführen, hole ich wieder den alten Kinderschuh hervor. Ich stelle ihn kurzerhand in einen Blumentopf, in dem eine kleine Staude Kapuzinerkresse wächst. Zunächst stelle ich das Bild so ein, dass der

Schuh und einige der grünen rundlichen Blätter zu sehen sind. Ich versuche dabei, die geschwungenen Formen des Schuhs, die mir schon früher aufgefallen waren, deutlicher in den Fokus zu rücken. Ich spüre den Drang, auszulösen, als ein Empfinden im oberen Brustbereich und löse nicht aus. Es ist ein *leichtes*, ein *„hüpfendes"* Gefühl, das ich hier wahrnehme. Ich halte es nicht sehr lange aus, so zu warten, beobachte aber die Qualität des Empfindens zumindest eine Zeit lang. Nach einer Weile kommt der Impuls, das Bild zu variieren. Ich nehme also nur noch die kräftigen roten Blüten der Kresse aufs Bild. So, dass sich eine einzelne Blüte und einige rundliche Blätter zusammen auf einem Foto befinden. Auch mit dieser Zusammenstellung verweile ich, eine kleine Zeit lang. Das *Drängen* wird wieder in der gleichen Region meines Körpers fühlbar. Es ist noch ein wenig deutlicher spürbar, tritt noch etwas hervor. Dann, wiederum nach einer Weile, kommt der Impuls, die rote Blüte, die rundlichen grünen Blätter und den Schuh zusammen auf ein Foto zu setzen. Ich drehe dazu den Blumentopf (der eigentlich ein umfunktionierter Saunaeimer ist) ein Stück im Uhrzeigersinn. Beim Zusammenstellen des Bildes fällt mir besonders der Hintergrund auf, ... die weißen Strukturen der Holzbalken, die das Balkongeländer bilden. Das nehme ich auch gleich mit aufs Bild, so dass es im Hintergrund verschwommen sichtbar wird. Zusammen ergibt sich eine Komposition, bei der ich fast lachen muss. Das Gefühl in meiner Brust wandelt sich entsprechend, hüpft weiter in meinem Körper auf und ab. So als ob es (als ob ich) gleich loslachen möchte. Das Lachen, wenn es sprechen könnte, würde ausrufen: *Das sieht ästhetisch ziemlich gut aus, aber* *es ist total sinnlos!* Ein Zaunstück, eine Blüte mit Blättern und ein Kinderschuh - was bitte schön soll das darstellen? Wunderbarer Schwachsinn! Dann löse ich aus. Der Impuls, dies zu tun, ist nicht vollkommen absichtslos, wie oben beschrieben. Aber es ist okay - ich bin ja hier derjenige, der das Buch schreibt und ich darf schließlich meine eigenen Regeln übertreten, wenn ich Lust dazu habe (ich hoffe, du erlaubst dir die gleiche Freiheit).

Beachtenswert an dem kleinen Experiment war für mich, dass ich durch das absichtliche Nicht-Auslösen sehr viel Speicherplatz sparen könnte.

2.7 Erlaube tausend Zwischenschritte

Wenn, wie im letzten Abschnitt angedeutet, statt eines klaren Auslöse-Impulses der Gedanke auftaucht „diese Zusammenstellung ist es noch nicht", löse ich manchmal trotzdem aus. Ich weiß, dass dieses Bild nicht optimal ist, kann aber den bisherigen Entwurf als Ausgangspunkt nutzen, um weiter und genauer zu skizzieren. Ich schaue auf das Display meiner Kamera und spüre den Empfindungen nach, die entstehen. Meine Intuition teilt mir dann den nächsten kleinen (oder großen) Veränderungsschritt mit, der mich weiter führt.

Die Einarbeitung in ein Motivfeld setzt sich aus vielen (bis zu Hunderten) solcher kleiner Veränderungsschritte zusammen. Bei mir sind die ersten Fotos, die ich mache, oft noch nicht „das Gelbe vom Ei". Sie bilden jedoch eine Grundlage, um tiefer einzutauchen. Wie beim Spazierengehen lassen sich diese ersten Schritte, die eher mittelklassige oder schlechte Fotos hervorbringen, nicht überspringen. So sehr ich mir dies auch manchmal wünsche.

Ich möchte Dir an dieser Stelle ein etwas aufwändigeres Experiment empfehlen, das den gestaltenden Feedback-Prozess deutlicher machen soll. Plane für dieses Experiment etwa zwanzig bis fünfundzwanzig Minuten Zeit ein.

Experiment 15: Füttere die Feedbackschleife

Die Grundidee ist einfach. Schaue dich um und finde ein Objekt oder eine Stelle, die dir interessanter vorkommt als der Rest. Dann wende alles an, was du bisher geübt hast. Achte also auf dein Bauchgefühl, sortiere sorgfältig aus, kombiniere verschiedene Einzelelemente und so weiter. Dies kennst du schon.

Entscheidend in diesem Experiment ist Folgendes: Betrachte konsequent jedes Zwischenfoto und lass zu jeder Aufnahme jeweils einen eigenen, *frischen* Felt Sense entstehen. Wenn du eine Digitalkamera verwendest, schaue dazu einfach auf das Display. Wenn du analog fotografierst, halte die Kamera noch eine Minute länger in der Position, aus der du das letzte Foto gemacht hast und schaue durch den Sucher. Nimm dir für jeden Zwischenschritt Zeit, mindestens eine Minute. Fahre sorgfältig die Linien, Knicke, Kehren, Farb- und Hell-Dunkel-Verläufe mit deinem Blick ab. Oder tu dies, wie du es schon geübt hast, mit der Spitze deines Zeigefingers auf dem Display. Achte auf feine Resonanz-Empfindungen. Mache eine Gefühls-Kopie von *jedem* gemachten Foto, indem du seine Details sorgfältig ertastest. In diesem Experiment ist es nicht wichtig, was am Ende für ein Resultat herauskommt. Mir geht es darum, dass du konsequent den einminütigen Feedback-Spür-Schritt dazwischenschaltest, wenn du ein Bild entworfen und festgehalten hast. In der täglichen Praxis tun wir das nicht mit solcher Sorgfalt, aber jetzt, zur Übung, erlaube dir diesen Luxus.

Nimm die subtile Qualität deines Bauchgefühls wahr, wenn du ein skizziertes Foto betrachtest oder ertastest. Verweile mit deiner Aufmerksamkeit bei dem, was du spürst. Frage dich jeweils: *Wie stimmig ist das für mich?* Achte auf neue Fotoideen, die aus deinem Empfinden heraus entstehen. Wenn anfangs keine Ideen kommen, sei einfach geduldig. Spüre noch etwas länger in Richtung deiner Körpermitte. Das Wertvolle an dieser Übung sind nicht die Fotos, sondern das neugierige Verweilen mit dem Felt Sense.

Vermutlich sind es eher kleine und bescheidene Schritte, die dich auf diesem Weg vorwärts bringen. Wenn du einen neuen, interessant erscheinenden Pfad einschlägst, entstehen vielleicht erst einmal nur zwei oder drei Bilder, die ein klein wenig interessanter sind als die übrigen. Wenn du dir jedoch dieses Neue bewusst machst und es hütest, nährst und pflegst, kann sich nach und nach aus einer kleinen Keimzelle ein tragender Ansatz herausbilden. Gisela Farenholtz beschreibt das mit folgenden Worten: *Mein Motiv zieht mich zu sich heran. Immer näher. Immer dichter und stimmiger. Ich „fotografiere mich langsam ans Motiv heran".*

Aus psychologischer Sicht gibt es das absolut Neue, also die *eine* geniale Idee, die „out of the blue", aus dem Nichts heraus entsteht, ohnehin nicht. Neue Ideen knüpfen letztlich immer an etwas an, was zuvor schon vorhanden war.

Es gibt lediglich verschiedene Möglichkeiten, wie wir das, was wir vorfinden, erweitern, variieren oder mit etwas anderem kombinieren können. Auch neue Wege, die wir in der Fotografie beschreiten, zweigen an bekannten Wegen ab und zeigen sich erst dann, wenn wir schon unterwegs sind.

Ich möchte dies an einem kuriosen (und sicherlich extremen) Beispiel verdeutlichen. Der Maler Louis Wain (1860 – 1939) malte Zeit seines Lebens ausschließlich Bilder von Katzen. Die Werke, die er in jungen Jahren schuf, stellten die Tiere naturgetreu dar. Sie erinnern an klassische Portraitgemälde berühmter Persönlichkeiten. In der Mitte seines Lebens stellte Wain Situationen dar, in denen die Tiere menschliche Tätigkeiten verrichten. So sieht man etwa mehrere vermenschlichte Katzen, die in Liegestühlen faulenzen und die Sonne genießen. Oder eine Gruppe von Tieren, die auf den Hinterbeinen gehen, Kleidung tragen und mit Sonnenschirmen durch die Felder spazieren (etwa wie Menschen auf manchen Gemälden von Claude Monet). Im Alter erkrankte Louis Wain an Schizophrenie. Je weiter die Erkrankung fortschritt, desto abstrakter und bizarrer wurden die Gemälde. Gewölbte Färbungen und Linien tauchen um zwei Augen herum auf. Ohren werden weiter oben durch zackige Linien angedeutet. Und flammende Ränder stellen das Fell dar. In ihren Grundzügen zeigen auch diese späten Bilder nach wie vor das typische Motiv, also eine Katze. Der Maler hat das, womit er in seinen Anfangsjahren begann, immer weiter ausdifferenziert. Irgendwann reichte es ihm nicht mehr aus, Katzen naturnah darzustellen. Er ließ die menschliche Welt, die er um sich herum beobachtete, in seinen Bildern karikaturhaft lebendig werden. Später, mit dem Ausbruch der Schizophrenie, floss in sein gewohntes Sujet das mit ein, was er täglich erlebte: der Zerfall der eigenen Wahrnehmung.

Das Neue an Wains Bildern bestand also nicht darin, dass er ständig neue Motive suchte. Er erweiterte die Motive, die er liebte, im Laufe seines Lebens. Er passte das, was er malte, spielerisch an seine (innere und äußere) Lebenswelt an. Das ist wahre Kreativität!

Innehalten II

Im zweiten Kapitel habe ich dir gezeigt:

- wie du ausgehend von einem Felt Sense Stellen in deiner Umgebung findest, die interessant, faszinierend und fesselnd sind. Lerne diese Stellen während einer Fotosession immer besser kennen,
- destilliere die wesentlichen grafischen Elemente und
- setze sie als grafische Kompositionen neu zusammen.
- Lass dich von störenden Stellen lieber inspirieren als nerven.
- Bleibe bis zum Schluss mit deinem Gefühl innerlich dabei, wenn du eine Idee auf Karte oder Film festhältst. Und schließlich:
- Füttere deinen kreativen Prozess immer wieder mit dem, was er kurz zuvor selbst ausgespuckt hat.

Das sind für mich die bisher wesentlichen Aussagen. Ich lade dich ein, an dieser Stelle erneut innezuhalten und darüber nachzudenken, was für dich die Essenz des zweiten Kapitels sein könnte.

Experiment 16: Halte inne

Nimm dir wieder etwas Zeit, um deinem Atem nachzuspüren. Nimm dazu deine Aufmerksamkeit in deinen Brust-

und Bauchraum und erkunde die körperliche Bewegung, die hier stattfindet. Spüre, wie sich die Brust weitet, während du einatmest und wie sie enger wird, während du ausatmest. Beobachte auf diese Weise mehrere Atemzüge, ... beobachte dein körperliches Empfinden dabei.

Dann kannst du dir selbst die Frage stellen: *Was war für mich im zweiten Kapitel des Buches am wichtigsten?* Lass ein Gefühl entstehen zu dem Thema *Alles über den fotografischen Prozess.* Welche Resonanz kannst du wahrnehmen, wenn du darüber nachdenkst, wie Fotosessions bei dir üblicherweise verlaufen? Gibt es so etwas wie einen typischen Ablauf, wie ich ihn in diesem Kapitel beschrieben habe? Mach auch zum Ende dieses Experiments ein paar Notizen.

Wenn ich selbst das Experiment ausführe, dann fällt mir auf, dass es in meinen fotografischen Prozessen oftmals so etwas wie eine „Schleife" gibt. Das, was ich in Abschnitt 2.5 über „störende Stellen" geschrieben habe, ist hier ganz wesentlich. Wenn ich genauer darüber nachdenke, fällt mir ein Abschnitt aus einer Biographie über den Apple-Gründer Steve Jobs ein. Hier wird etwas ganz ähnliches beschrieben:

> Es gab eine Geschichte, die Jobs wirklich gern erzählte und die auch sein Team an diesem Tag zu hören bekam: Bei allem was er richtig gemacht habe, habe er zu einem bestimmten Zeitpunkt auch einmal zurückspulen müssen. Jedes Mal habe er etwas überarbeiten müssen, von dem er erkannt hatte, dass es nicht perfekt war. Er berichtete von *Toy Story* - hier war die Figur des Woody nach und nach zu einem Trottel geworden - und von mehreren Anlässen im Zusammenhang mit dem

Ur-Macintosh. „Wenn etwas nicht richtig ist, dann kann man das nicht einfach ignorieren und sagen, man bringt es später in Ordnung", sagte Jobs.[4]

Das Gefühl dafür, dass etwas (noch) nicht richtig ist, soll auch der Ausgangspunkt für alle nun folgenden Überlegungen sein. Beispielhaft seien die Fotos genannt, die ich von dem Kinderschuh im Blumentopf gemacht habe. Ästhetisch waren diese Fotos durchaus, aber es fehlt etwas ganz Wesentliches: Fotografien sind dann am ausdrucksstärksten, wenn sie dem Betrachter eine Geschichte erzählen.

Deshalb will ich dem, was ich bisher beschrieben habe, noch eine künstlerische Tiefendimension hinzufügen. Wie du mit Hilfe einer symbolischen Ausdrucksweise Spannung in deine Bilder bringst, zeige ich im letzten Kapitel des Buches. Spulen wir also zurück und beginnen noch einmal ganz von vorne.

---

[4]Isaacson, W. (2011): Steve Jobs. Die autorisierte Biografie des Apple-Gründers. C. Bertelsmann. S. 441

3 Erzähle Geschichten

Des Anfängers Geist hat viele Möglichkeiten,
der des Experten hat nur wenige.

Shunryu Suzuki

Es ist Ende August und ich bin im Urlaub. Ich schreibe diese Zeilen kurz vor Sonnenaufgang, während ich in meinem roten Bus sitze, der einstmals Feuerwehrleute zu ihrem Einsatzort brachte, mittlerweile jedoch zu einem gemütlichen Wohnmobil umgebaut ist. Gleich nach dem Aufwachen habe ich darüber nachgedacht, wie ich das dritte Kapitel dieses Buches beginnen könnte. Es ist noch kühl, so früh am Morgen - ich habe den Schlafsack über meinen Knien liegen, habe es mir im Schneidersitz bequem gemacht und heißer Tee dampft aus der Thermotasse vor mir. Auch mein Tablet steht eingeschaltet und aufgerichtet vor mir auf dem Tisch. Der Cursor blinkt stetig und schnell, so als sei das Textverarbeitungsprogramm ganz neugierig, zuversichtlich und bereit für meine Worte.

Mein Bus steht in einem Wald in Dänemark und es wird langsam hell. Während ich diese Zeilen eintippe, stocke ich immer wieder. Um ehrlich zu sein: Ich weiß nicht so recht, was ich schreiben kann. Ich weiß nicht, wie ich beginnen möchte. Mein Blick hebt sich immer wieder vom Tablet, wandert hinaus aus dem Busfenster. Da sind Buchenblätter zu sehen, ein Weg und verdorrte Äste am Waldboden. Ich höre das leise Zwitschern eines Vogels und die unscheinbaren Klickgeräusche des Ladegeräts, das die Solarbatterie speist.

Bevor ich das Tablet angeschaltet habe, habe ich mehrere potenzielle Anfänge für dieses Kapitel erwogen. Ich habe vor allem darüber nachgedacht, was den Unterschied zwischen handwerklicher und künstlerischer Fotografie ausmacht. Dabei musste ich wieder an den Kinderschuh denken. Ich habe ihn mitgenommen auf diese Reise - er befand sich in meiner Fototasche, als ich gestern an einem (fast) menschenleeren Strand unterwegs war. Da ich kein geeignetes Fischerboot gefunden habe, mit dem ich meine Bildidee aus dem zweiten Kapitel hätte umsetzen können, versuchte ich, den Schuh einfach im Sand zu positionieren. Das wäre doch eine gute Arbeitsdefinition für Kunst: Fotografiere nicht einfach nur das, was da ist, sondern beginne, deine Umwelt so umzugestalten, wie du sie brauchst. Wie in dem Lied von Pippi Langstrumpf: *Ich mach mir die Welt, widdewiddewie sie mir gefällt.* Dann jedoch fielen mir die Arbeiten von Ansel Adams ein und mir wurde schnell klar, dass diese Definition nicht stimmen kann. Seine Fotografien sind definitiv Kunst, ohne dass er aktiv Bildelemente verändert hätte. Und auch ich habe (anstelle des Schuhs) schlussendlich Objekte fotografiert, die ohnehin „von selbst" am Strand herumlagen. Besonders hat es mir eine schlichte Möwenfeder angetan, die mit kleinen Tautröpfchen besprenkelt war. Dennoch - künstlerische Fotografie hat irgendwie etwas *Aktives*. Von welcher Art jedoch ist diese Aktivität, wenn sie nicht unbedingt meint, dass man sein Motiv mit den Händen „anpackt"?

Ein anderer Anfang, den ich erwogen hatte, war der, dass in der Kunst die Regeln nicht gelten. Oder, sagen wir: Sie gelten noch, aber Kunst geht sie an. Sie öffnet sie, spielt mit ihnen, erweitert sie, missachtet sie vielleicht absichtlich. Kunst ist sich dessen bewusst, dass es moralische, ästhetische und habituelle Regeln gibt, aber sie nimmt auf sie Bezug. Kunst tanzt auf der feinen Linie, an der Regeln ihre Grenze finden.

Ich muss dabei auch an die Tänzerin Isadora Duncan denken, die Eugene Gendlin in seinem Buch „Ein Prozess-Modell" beschreibt:

> „Isadora Duncan steht still, manchmal ganz lange. Sie spürt Tanzschritte, in die hinein sie sich bewegen könnte, aber sie fühlen sich nicht richtig an. Was sich richtig anfühlen würde, ist noch nicht klar. Sie ‚sucht', sagt sie, sie schaut, sie wartet darauf, dass das richtige Fühlen kommt, und sie ist bereit, es entstehen zu lassen. Dieses Suchen, Warten, Schauen und Zulassen ist eine Art Handlung, eine Art und Weise, sich auf etwas zu beziehen, mit etwas . . . . . zu interagieren. [...] Dass

Duncan auf eine neue Weise schaut, wartet, lässt
. . . . . verändert das, was entsteht, aber trotzdem
stimmt es immer noch nicht ganz. Sie reagiert auf
die sich verändernde Art und Weise des Fühlens,
indem sie sich dazu anders verhält. Sie richtet sich
auf einen Aspekt des Fühlens aus, den sie tanzen
will und spürt ihm nach. Als Antwort auf dieses
Ausrichten und Nachspüren wird das Fühlen selbst
deutlicher, als ob etwas da wäre, eine Gegebenheit,
ein Objekt, etwas in einem Raum, den es vorher
noch nicht gab. Während das ‚Fühlen' (feel) sich
bildet, versteht es sich sozusagen selber. Es bringt
sein eigenes ‚ja, ja, genau . . . ' mit sich. Duncan ist
mit sich ‚selbst' auf neue Art ‚in Berührung', wobei dieses nicht schon vorher da war und gewartet
hat. Ein neues, verändertes, stimmigeres ‚Fühlen'
ist da, ein Gefühl des ‚In-Berührung-Seins-mit . .
. '. Dann erst tanzt sie etwas, das sie vorher nicht
hätte tanzen können."[1]

Ein „Fühlen, das sich selbst versteht" kann auch bei der
fotografischen Interpretation eines Motivs eine tragende
Rolle spielen. Ein Felt Sense ist ein solches Fühlen - im
ersten Kapitel dieses Buches haben wir uns diesem besonderen Empfinden ausführlich gewidmet. Auf welche
Art jedoch gelingt es, das Fühlen in einer Symbolisierung
auszudrücken, die weit über den unmittelbaren Körperaus-
druck eines Tanzes hinausgeht? Auf welche Art können,
geführt vom Fühlen, z.B. die besonderen Eigenschaften
einer technischen Ausrüstung dafür eingespannt werden,

---

[1]Gendlin, E.T. (2015): Ein Prozess-Modell: Körper. Sprache. Erleben.
Freiburg: Karl Alber. S. 398f

um „etwas zu fotografieren, das man vorher nicht hätte fotografieren können"?

Gefühle lassen sich nicht nur durch Tanzschritte oder durch Fotografien, sondern auch durch sprachliche Symbole ausdrücken. Ein dritter Anfang, der mir für dieses Kapitel einfiel, war ein Gedanke von Wilhelm Schapp, der davon sprach, dass wir alle „in Geschichten verstrickt" sind: „Jede Geschichte steht mit anderen Geschichten und vielleicht mit allen Geschichten in diesem lebendigen Zusammenhang"[2]: Ich bin (irgendwie, über tausend unsichtbare Verbindungen) verstrickt in deine Geschichte und auch du bist (irgendwie, über tausend unsichtbare Verbindungen) verstrickt in meine Geschichte. Und wir beide sind verstrickt in die Geschichten aller anderen Menschen. Schapp macht deutlich, wie weitläufig dieses aus Geschichten bestehende Gewebe denkbar ist:

> „Wenn es nun richtig ist, dass wir in die Fremdgeschichte, in alle Fremdgeschichten noch irgendwie mitverstrickt, vielleicht auf vielfache Art mitverstrickt sind, dass wir also nicht nur in die Geschichte des Präsidenten der USA, der englischen Ministerpräsidenten oder irgendeines anderen mächtigen Mannes der Jetztzeit mitverstrickt sind, ebenso wie diese in unsere Geschichten verstrickt sind, sondern dass wir auch in die Geschichten von Luther, von Karl dem Großen und weiter zurück, soweit der Horizont reicht, mitverstrickt sind, so sind all diese Geschichten, soweit die Mitverstrickung reicht, gegenwärtig, das heißt, wir sind in diesen Geschichten noch heute verstrickt, und auch nicht in der Weise, wie man vielleicht in abgelaufene

---

[2]Schapp, Wilhelm (2012, Original 1953): In Geschichten verstrickt. Zum Sein von Mensch und Ding. 5. Aufl. Frankfurt, M: Klostermann, S. 94

> Geschichten verstrickt gewesen sein könnte, sondern in der Weise, dass diese Geschichten noch nicht zu Ende sind, noch in die Zukunft reichen, noch nicht abgeschlossen sind und auch niemals abgeschlossen werden können."[3]

Wenn es gelänge, das Gewebe dessen, was *jetzt* ist, ein Gewebe, das aus Myriaden von ineinandergekreuzten Fäden besteht, durch eine einzige Fotografie zu symbolisieren - wenn es gelänge, den Punkt, an dem wir in der Geschichte aller Geschichten jetzt stehen, auf einer einzelnen Fotografie vollständig zu erfassen, dann wäre dieses Foto so richtig gut. Wenn ein bildhaftes Symbol präzise den *Kern* der gegenwärtigen Situation trifft, setzt es die Geschichte fort. Es macht möglich, dass wir eine neue Szene beginnen können. Das ist dann so, als ob wir mittels der Symbolisierung unsere persönliche Geschichte und damit auch die Geschichten, die mit unserer Geschichte verstrickt sind, aktiv fortschreiben. Wir nehmen den Lauf unserer Geschichte selbst in die Hand.

Wieder stocke ich. Ist es so einfach? Ich zweifle. Denn auch dieser Gedanke hat seine Grenzen. Ein Foto kann zwar durchaus den gegenwärtigen Moment einer (Lebens-) Geschichte symbolisieren. Dies gilt besonders für Lebensmomente, die vor symbolischer Bedeutung nur so triefen. Wie etwa der Moment, in dem der Bräutigam der Braut den Schleier abnimmt und sie küsst. Aber ist die fotografische Darstellung einer solchen Situation schon Kunst? Ich glaube nicht. Außerdem ist eine Situation nicht nur durch die Verstricktheit in symbolisch ausgedrückte Ge-

---

[3] ebd., S. 143

schichten charakterisiert. Es gibt auch so etwas wie ein pures, materielles Bezogensein auf die Gegenstände oder Menschen, die sich in meiner unmittelbaren räumlichen Umwelt befinden. Dieses Bezogensein kommt zunächst völlig ohne symbolische Bedeutung aus und macht ebenfalls mich-in-meiner-Situation aus. Ich bin eben nicht nur Teil einer (symbolischen) Geschichte, sondern ich bin auch physischer Körper, der mit anderen Körpern in stofflicher (also: unsymbolisierter) Verbindung steht. Man denke nur an die Luft, die in meine Lunge einströmt oder an die Atome, die ich über meine Nahrung aufnehme. Ist es nicht gerade die Fotografie, die diese reine Physis sichtbar macht? Wäre Fotografie dann nicht gerade dasjenige Medium, mit dessen Hilfe wir aus den Geschichten herausfallen können?

Wiederum „hakt es". All bisherigen Anfänge für dieses dritte Kapitel haben noch nicht das gewisse Etwas, auf das es mir ankommt. Ich könnte weitere Beispiele finden. Ich könnte versuchen, das Wesentliche immer weiter einzukreisen. Wahrscheinlich würde ich es trotzdem nie erreichen. Kann es sein, dass jegliche sprachliche Beschreibung von Kunst, wie sie in einem Buch erfolgt, immer um Haaresbreite am eigentlichen Kern von Kunst vorbei gehen muss?

Als mir diese Frage in den Sinn kommt, halte ich wieder inne. Blicke hinaus aus dem Fenster. Die Sonne scheint jetzt ein wenig durch die Blätter der Waldbäume. In der Ferne sehe ich Pilze am Boden - sie leuchten hell. Ich atme ruhig ein und aus. Ein Gedanke steigt auf: Der Anfang, den ich für dieses Kapitel brauche, müsste eigentlich selbst ein

Beispiel sein für das, was er beschreibt. Wie jedoch kann ich dann ganz konkret beginnen?

Der einzige, zugegeben recht unscheinbare Ansatzpunkt, der mir dabei in den Sinn kommt, ist der kleine Schmerz, den ich empfinde, während ich mich hier mit potenziellen Anfängen abmühe. Dabei wird mir klar, dass dieser Schmerz jenem Schmerz ähnelt, der auftaucht, wenn ich durch den Sucher der Kamera schaue und bemerke, dass der Ausschnitt, den ich gewählt habe, noch nicht *gut* ist. Am Ende des zweiten Kapitels hatte ich jenen Schmerz noch einmal ins Zentrum gestellt. Und auch hier, während ich im Bus sitze und verschiedene Varianten für einen Kapitelanfang anteste, erlebe ich etwas vom Geschmack jenes speziellen Schmerzes. All die Anfänge, die ich bisher angetestet habe, schmecken mir noch nicht. Jeder Anfang trägt etwas von dem in sich, was ich zu sagen versuche, aber es gibt immer ein *aber*, das verhindert, dass ich weitermachen kann. So ist die Mühe, die ich mit dem Schreiben dieses Kapitelanfangs habe, prototypisch auch fürs künstlerische Fotografieren. Immer wieder stehe ich vor der Frage: Wie geht es weiter? Immer wieder komme ich ins Stocken.

Lassen wir das Stocken also zu. Geben wir ihm Raum. Dann kann sich die kleine Lücke, die im Stocken aufscheint, als fruchtbar erweisen. Dann kann sich im Stocken eine kleine Tür öffnen, die es möglich macht, etwas zu verändern, zu variieren und zu verbessern. Ich möchte tatsächlich zurückspulen und noch einmal ganz neu beginnen. Gehen wir noch einmal ganz frisch an die Sache heran. Worauf kommt es *eigentlich* an?

Zunächst ist da der Gedanke, dass es für ein Kapitel, das zu beschreiben versucht, wie Kunst geht, keinen eindeutigen Anfang geben kann. Vielleicht kann ich ja (im kognitiven Sinne) gar nicht *wissen*, wie Kunst geht. Ich bin zwar selbst künstlerisch tätig. Dennoch: Würde ich mit einer eindeutigen Definition oder mit einer klaren, unmissverständlichen Handlungsanweisung *alles* über meine Kunst niederschreiben, so hätte ich gerade das verloren, was meine Kunst in ihrem innersten Kern ausmacht. Kunst hat ihren Ursprung auf einer präreflektiven Ebene. Sie entsteht immer wieder frisch, und sie entsteht an einem Ort, wo das, was wir tun, (noch) nicht benennbar ist. Vielleicht kann es auch deshalb keinen solch eindeutigen Anfang geben, weil wir im Kunstschaffen an eine Grenze der Kommunizierbarkeit gelangen. Ich habe meine Kunst in mir. Du hast deine Kunst in dir. Sie ist mein - sie ist dein. Ich kann deine Kunst nicht kennen, da sie sich erst zeigt, wenn du sie erzeugst. Und du kannst meine Kunst nicht kennen, bevor ich sie dir zur Verfügung stelle. Bevor wir einander erlauben, sie sichtbar zu machen, liegt sie im Dunkel - und zwar allein in deinem oder in meinem Dunkel.

So weit, so gut. Das Stocken hat die Grenze, an die ich stoße, auf den Punkt gebracht: Man könnte sie als *Grenze des geschriebenen Wortes* bezeichnen. Halten wir diesen Gedanken fest und gehen behutsam wieder in die Bewegung. Lässt sich dieser Gedanke auf die Fotografie übertragen, und wenn ja - was lässt sich daraus ableiten? Hier kommt mir die Idee, dass wir Kunst nicht in der Theorie, sondern nur im Tun erzeugen können. Nur im praktischen Vollzug kann sich das zeigen, was Funken schlägt. Funken entstehen durch Reibung. Kunst lässt sich folglich nur durch die Reibung aneinander und in der Reibung mit den Objekten erzeugen, die wir künstlerisch darstellen wollen. Ohne Motive gibt es in der Fotografie keine Kunst - das ist klar. Aber mir scheint, auch ohne ein Gegenüber, das die Fotos anschauen wird, geht es nicht. Ein solches Gegenüber kann ein anderer Mensch sein, aber auch ich selbst kann mir zum Gegenüber werden, für das ich die Kunst erzeuge.

Versuche ich, diesen Gedanken noch etwas klarer zu fassen, so wird deutlich: Kunst kann sich nur erzeugen (du kannst deine Kunst nur erzeugen, ich kann meine Kunst nur erzeugen) im Kontakt-Dreieck von Fotograf, Betrachter und Motiv (siehe Abbildung auf Seite 99). Gäbe es keine Reibungsfläche, keine Berührungspunkte zwischen diesen drei Aspekten, so bliebe die Kunst für alle Zeit dort, wo sie derzeit schlummert: im Dunkel. Spannt sich das Dreieck jedoch auf, so kann sich in seinem dunklen Innenraum ein unscheinbares, glitzerndes, kreatives Potenzial generieren. Das Potenzial ist der Felt Sense. Verweilen wir achtsam mit dem Felt Sense, so kann sich das Dunkel entladen. Hilfreich für eine solche Entladung sind konkrete Impulse, die ein „magisches Gewitter" wahrscheinlicher machen. So, wie eine Auster ein Sandkorn benötigt, damit eine Perle entsteht oder wie die Feuchtigkeit hoch in den Wolken ein Staubkörnchen braucht, damit sich ein Regentropfen bilden kann, braucht auch das Potenzial einen Kristallisationskeim, damit gute Fotos möglich werden.

Ich möchte deshalb im letzten Kapitel dieses Buches von dem Versuch ablassen, *über* Kunst zu schreiben, so als wäre ich hier und die Kunst dort, wie etwas objektiv Erkenn-

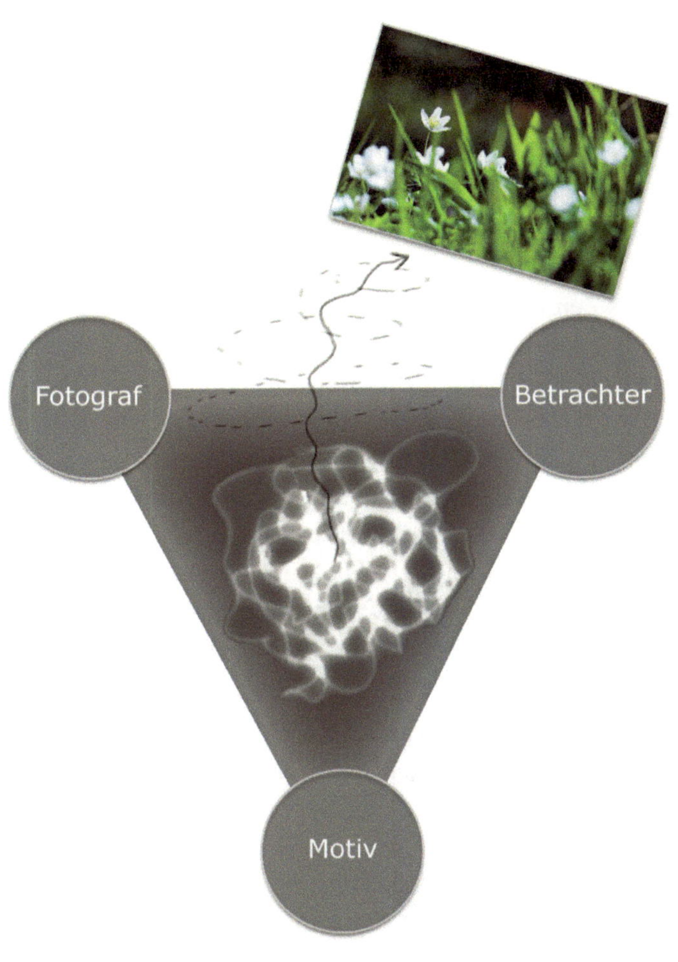

Das Kontaktdreieck

bares, was mir gegenübersteht. Ich möchte statt dessen versuchen, im Prozess des Schreibens *einzutauchen* in das dunkle Potenzial meiner eigenen Kunst. Vielleicht können meine Gedanken Kristallisationskeime werden. Vielleicht eröffne ich dir dadurch die Möglichkeit, dass etwas resonieren kann.

3.1 Finde die Formel

Etwas Zeit ist vergangen, seit ich die Einleitung für dieses Kapitel schrieb. Mittlerweile bin ich auf meiner Reise in Norwegen angelangt. Diese Zeilen schreibe ich, während ich auf einem baumlosen Hochplateau stehe, auf einem alten Passweg. Fokussiere ich hier, an diesem neuen Ort, auf die feine Empfindung des Schmerzes, die ich kürzlich während des Schreibens verspürt habe, so bemerke ich, dass der Schmerz mittlerweile gar nicht mehr so schmerzhaft ist. Er öffnet sich inzwischen zu etwas anderem. Ich spüre an seiner Stelle ein stetiges, verlangendes Ziehen in meinem oberen linken Brustbereich.

Hier, in Norwegen, war ich schon oft. Norwegen ist so etwas wie ein Sehnsuchtsland für mich. Immer wieder zieht es mich hier her. Es gibt typisch norwegische Motive, etwa Wasserflächen, die sich in zerklüftetes Gestein einschmiegen. Oder flauschige Blumen, die aus Sumpfgebieten hervorwachsen. Oder steile Berghänge, die abfallen bis zur waagrechten Oberfläche eines Fjords. Auf der Fährüberfahrt habe ich im Aufenthaltsbereich des Schiffs ein Foto gesehen, das mich sehr angesprochen hat. Das Foto stellt einen See dar. Es ist extrem reduziert. Ganz am oberen

Bildrand ist das Ufer des Sees zu sehen sowie die Silhouette eines Bergs und darüber der Himmel. Der Großteil der Bildfläche wird von der eintönigen, graublauen Wasserfläche eingenommen. Das Hauptmotiv jedoch sind zwei seitlich stehende, einzelne Grashalme, die senkrecht nach oben ragen und rötlich in der Abendsonne schimmern.

Das Foto erinnert ein wenig an die Philosophie des Zen, wo es oftmals darum geht, gerade im Schlichten die Fülle zu entdecken. Kunst heißt in diesem Sinne, nur diejenigen Elemente auf einem Bild auftauchen zu lassen, die stellvertretend für das Ganze stehen. Das Besondere liegt eben darin, die passendsten Elemente zu finden und ganz bewusst nur das auszuwählen, was sich am allerbesten eignet.

Damit das möglich wird, muss man freilich sehr genau hinschauen und vertraut werden mit seinem Motiv. Der Schriftsteller Hermann Hesse beschrieb den Prozess, der abläuft, wenn er eine Landschaft kennenlernt, in einem kleinen Prosatext über das Reisen so:

> „Ich war wohl fünfmal in Luzern und Vitznau und hatte den Vierwaldstätter See noch immer nicht innig begriffen und erfaßt, bis ich nicht sieben Tage einsam im Ruderboot auf ihm zubrachte, jede Bucht befuhr und jede Perspektive ausprobte. Seither gehört er mir, seither kann ich in jeder beliebigen Stunde, ohne Bilder und Karten jeden seiner kleinsten Teile mir untrüglich vorstellen und von neuem lieben und genießen: Form und Vegetation der Ufer, Gestalt und Höhe der Berge, jedes einzelne Dorf mit Kirchturm und Schifflände,

die Farben und Spiegelungen des Wassers zu jeder Tagesstunde."[4]

Dabei stellt er dem Typus des Touristen, der Ort um Ort schnell abarbeitet, eine andere Art von behutsamem Besucher gegenüber, der längere Zeit am selben Platz verweilt:

> „Er wird überall in Erde, Bäumen, Bergformen, Tieren und Menschen eines Landes das Gemeinsame herausfühlen und sich an dieses halten, statt Zufälligkeiten nachzulaufen. Er wird finden, daß dieses Gemeinsame, Typische sich noch in den kleinsten Blumen, in den zartesten Luftfärbungen, in den leichtesten Nuancen der Mundart, der Bauformen, der Volkstänze und Lieder äußert und je nach seiner Veranlagung wird ihm ein eigentümliches Witzwort oder ein Laubgeruch oder ein Kirchturm oder ein kleines rares Blümlein zur Formel werden, welche für ihn das ganze Wesen einer Landschaft knapp und sicher erschließt. Und solche Formeln vergißt man nicht."[5]

So, wie das Blümlein für Hesse zur Formel wird, die alles Wesentliche über eine Landschaft aussagt, können wir auch beim Fotografieren versuchen, die Formel für ein Motiv zu finden.

Einen ganz ähnlichen Gedanken hatte ich bereits in Kapitel zwei (in den Abschnitten übers „Freistellen", 2.3 und „Kombinieren", 2.4) beschrieben. Hier komme ich noch einmal darauf zurück. Worauf ich diesmal besonders hinweisen möchte, ist die *symbolische Bedeutung*, die die Elemente haben, die letztlich auf dem Foto sichtbar werden. Grund-

---

[4]Hesse, H. (1973): Die Kunst des Müßiggangs. Kurze Prosa aus dem Nachlaß. Suhrkamp. S. 20
[5]ebd., S. 21

sätzlich kann man nämlich alle beliebigen Bildelemente bis zu einem Maximum freistellen und dann miteinander kombinieren - das heißt aber noch nicht, dass das Foto wirklich etwas aussagt. Ein Beispiel hierfür ist der alte Kinderschuh im Blumentopf. Dieses Foto sah zwar aus gestalterischer Sicht (Ästhetik) gut aus, aber es hatte keine Bedeutung. Das Foto auf der Fähre ist anders. Auch hier sind lediglich drei Bildelemente abgebildet: Der See, die Bergsilhouette und die Grashalme. Der Unterschied zu meinem Blumentopfbild liegt darin, dass diese Elemente eine Bedeutung haben, die als Pars pro toto gelten können. Gräser im Abendlicht und ein See vor einer Bergsilhouette - das *ist* Norwegen.

3.2 Benenne die Stimmung

Die Bedeutung, die das Motiv *für mich* hat, ist etwas intim Subjektives. Nur das, was mich in und an meinem Motiv in meiner eigenen Subjektivität berührt, kann ich auf einem Foto festhalten und an andere Menschen weitergeben. Damit gebe ich zugleich auch das weiter, was ich selbst im Kontakt mit meinem Motiv *bin*. Ich gebe mich selbst weiter. Das Motiv und ich sind im Akt des Fotografierens eins (zumindest bei den wirklich guten Fotografien). Woher also weiß ich, welche Elemente ich wählen kann, um sie auf einem Foto miteinander zu kombinieren? Wie finde ich Zugang zu meiner tiefen Subjektivität? Wie kann ich meinen Felt Sense „füttern", damit er so richtig voll und dicht wird? Eine mögliche Antwort auf diese Fragen lautet: Tauche voll und ganz ein in den Ort, in das Wesen des Menschen oder in die Charakteristik des Gegenstands, den du fotografieren willst. Nimm dazu auch Umwege in Kauf. Achte nicht nur auf das, was du siehst, sondern beziehe auch alle anderen Sinne mit ein.

Ich will dies gleich mal selbst probieren. Ich stehe mit meinem Bus noch immer auf der schmalen, unbenutzten Straße hoch oben in den norwegischen Bergen. Irgendwo unter mir, im Gestein, läuft ein Tunnel entlang, durch den die Autos hindurchrauschen. Der alte Pass, der früher über den Berg führte, existiert noch. Man kann ihn noch befahren. Es ist still hier oben, ich höre nur das leichte Rauschen des Windes und das (etwas anders geartete) Rauschen eines Bachs, der tief unter meinem Standort in einen See einmündet. Von Zeit zu Zeit krächzen zwei Krähen, so als würden sie sich miteinander unterhalten. Ihre Stimmen sind so rauh, wie das Gestein, das mich umgibt. Es ist (auf irgendeine Art) dieselbe Art von Rauhheit, die in den Stimmen der Krähen und im Gestein liegt. Die Luft riecht ganz frisch und ein klein wenig nach Heu, vermutlich von den abgeschnittenen Grasresten, die am Wegesrand liegen. Und es ist kalt. Als ich heute morgen, gleich nach dem Aufwachen, auf Fototour war, hatte ich Handschuhe an, mit „abgeschnittenen Fingern", damit ich die Bedienelemente der Kamera leichter betätigen kann. Ich trug sogar einen Schal um den Hals.

Je mehr Sinnesreize wir ganz bewusst wahrnehmen, desto leichter finden wir Zugang zu dem, was die tiefe Subjektivität, die wir im Kontakt mit dem Motiv erleben, zu Tage fördern kann. Um nun den Felt Sense, der dabei spürbar wird, mit einer symbolisch ausdrückbaren Bedeutung zu verknüpfen, kann es hilfreich sein, die Stimmung zu benennen, die in diesem Augenblick spürbar ist. Der Philosoph Martin Heidegger machte darauf aufmerksam, dass das *Gestimmtsein* nicht innerhalb des einzelnen Menschen lokalisiert werden kann. Es „bezieht sich nicht zunächst auf Seelisches, ist selbst kein Zustand drinnen, der dann auf rätselhafte Weise hinausgelangt und auf die Dinge und Personen abfärbt"[6], sondern die Stimmung *ist* selbst schon das, was mich-in-der-Welt ausmacht. Der Zugang zu meinem eigenen Gestimmtsein ist zugleich der Zugang zu meiner tief subjektiven Art, in der Welt zu sein und in die Welt zu sehen. Und damit der Königsweg zu Fotografien, die meine ganz persönliche Art des In-der-Welt-Seins auszudrücken vermögen.

Experiment 17: Benenne die Stimmung

Dieses Experiment ist kurz und schlicht. Du kannst es immer wieder ausprobieren, während du Fotos machst. Die Aufgabe lautet: Finde ein passendes Wort für die gegenwärtige Stimmung, an dem Ort, an dem du dich befindest, im Kontakt mit dem Model, das du fotografieren möchtest oder im Zusammenhang mit dem Gegenstand, der dich interessiert.

Die schlichtesten Aufgaben sind manchmal die diffizilsten. Zunächst dauert es ein wenig, bis sich überhaupt, ganz zögerlich, erste, tastende Worte einstellen. Am Ende jedoch geht es Schlag auf Schlag und ein (erst mal wirr erscheinendes) Netz von unterschiedlichsten Begriffen und Assoziationen „ploppt" in meinem Bewusstsein auf. Ich möchte

---

[6]Heidegger, M. (1986). Sein und Zeit. Niemeyer: Tübingen. S. 137

in den folgenden Abschnitten versuchen, die Verwirrung ein wenig zu ordnen.

Meine allererste Wahrnehmung: Die Stimmung hier an dem Ort, an dem ich mich befinde, ist *friedlich*. Aber es ist kein … richtiges, kein … flaches Friedlichsein. Die Stimmung ist friedlich, ohne *glatt* zu sein. Es ist kein harmonisches Friedlichsein (Friede-Freude-Eierkuchen), sondern es ist auch etwas *Altes, Verwittertes* spürbar. Etwas Altes und Verwittertes wohl auch, was ich in mir selbst trage, kann mit dieser Landschaft in Resonanz gehen. Ich muss dabei auch an eine Stelle in einem Buch von Roger Willemsen denken:

> „Der Knacks aber ist nicht ein Riss mit Diesseits und Jenseits, mit Vorher und Nachher, er ist unmerklich: er teilt nicht, er prägt. Er ist die Zone, in die die Erfahrung eintritt, wo sie verwittert und ihre Verneinung in sich aufnimmt."[7]

Wenn ich in einer solchen Landschaft bin, dann spüre ich, dass derartige Verwitterungen nichts sind, was verborgen und im Geheimen bleiben müsste, sondern sie sind einfach gegeben. Jeder Mensch, jedes Lebewesen und jede Landschaft hat sie. Damit meine ich auch Verwitterungen der Seele. Vor drei Jahren habe ich hier in Norwegen das Kernmodell meiner Dissertation entworfen, das gewissermaßen aus meinem eigenen, „ganz persönlichen Knacks" geboren wurde. Verwerfungen und Verwitterungen sind hier willkommen - sie sind ja hier ohnehin überall gegenwärtig. Sie sind eine kreative Quelle, sie sind kraftvoll und ursprünglich.

---

[7]Willemsen, R. (2008): Der Knacks. Frankfurt: S. Fischer. S. 14

Wenn ich die beiden Worte *alt* und *verwittert* in mich hineinrieseln lasse, zusammen mit der Frage „Stimmt das schon?", so bemerke ich: Es fehlt noch etwas. Die Stimmung hier kann ich beschreiben als alt und verwittert und es ist auch etwas *Weites, unendlich Weites* spürbar. Das, was ich hier beschreibe, ist sowohl das, was die Stimmung der Landschaft beschreibt, als auch das, was ich in mir selbst empfinde, wenn ich mich in dieser Landschaft aufhalte. Auch wenn die Bezeichnung *alt, verwittert und unendlich weit* etwas sperrig klingt - genau so fühle ich mich hier.

Weiterhin kommt mir die Idee, dass man die bisher gefundenen Worte miteinander „kreuzen" kann. Das würde sicherlich Spaß machen. „Kreuzen" meint: Ich könnte mir konkrete Fragen danach stellen, inwieweit ein spezifischer Aspekt, der einem der Begriffe innewohnt, auch den anderen Begriffen inhärent ist. So könnte ich mir etwa die Frage stellen, auf welche Weise *alt* zugleich auch *unendlich weit* ist. Folge ich dieser Spur einmal probehalber, so fällt mir auf, dass das Gefühl, dass ich mich in einer alten Landschaft befinde, daher rührt, dass die Felsoberflächen abgewaschen aussehen. Schon sehr viel Wasser hat diese Steine abgeschliffen, und zwar für einen sehr langen Zeitraum. Sie sind oben rund. Und auch das Gefühl der unendlichen Weite hat etwas mit der Rundung zu tun, die am oberen Rand der Berge sichtbar wird. Über viele runde Bergkuppen hinweg wird es nämlich möglich, in die Ferne zu schauen, auf noch weitere Rundungen und auch wieder über diese hinweg zu noch anderen Kuppen. Der neue Aspekt, der sowohl dem Begriff *alt* als auch dem Begriff *unendlich weit* inhärent ist, ist also *abgerundet*. Mit diesem neu gefundenen Aspekt könnte ich nun weiterarbeiten. Da dies hier jedoch kein genuiner Sprachfindungsprozess ist, bei dem das Ziel ein prägnanter Text ist, der das Wesen von Norwegen beschreibt, sondern da es hier ja um Fotografie geht, möchte ich es bei diesem kleinen Ausflug in begriffliche Arbeit bewenden lassen[8]. Wenn das Ziel darin besteht, gute Fotografien zu erschaffen, kommt es als nächstes darauf an, Bildelemente zu finden, die das *Alte*, das *Verwitterte* und das *unendlich Weite* (und eventuell auch das *Abgerundete*) repräsentieren.

Heute morgen habe ich ein Foto gemacht, das schon etwas in diese Richtung geht. Die alte, nicht mehr benutzte Straße, die in die Ferne führt, Berge und Wolken am Horizont, ein See, der unten im Tal liegt, ein großer Baum mit einer Rundung des Wipfels, die ganz ähnlich aussieht, wie die Rundungen des Gesteins, und noch ein kleiner Baum. Alles passt zusammen. Es ist hier und es trägt zugleich auch fort von hier. Ich spüre das Alte in der kaum mehr benutzten Straße, ich spüre das Verwitterte in den aufgebrochenen Rändern im Asphalt und ich spüre das Weite in der Ferne des Sees, der Berge und der Wolken. Wenn ich das Foto betrachte, spüre ich wieder eine gewisse Sehnsucht. Vielleicht gelingt es mir ja, noch mehr auf den Punkt zu kommen. Vielleicht kann ich auf weiteren Fotos die bisher genannten Merkmale noch stärker reduzieren:

- Kann ich ein Foto machen, das nur noch zwei der Merkmale vereint?

---

[8]Für alle, die mehr Interesse am Zusammenspiel von Bildern und Sprachfindungsprozessen haben, sei auf meine Website www.sinnbilder.de verwiesen.

- Welche Merkmale sind wichtiger als die anderen? Kann ich weiter aussortieren?
- Gibt es ein Bildelement, das z.B. *verwittert* und *alt* in sich vereint?
- Gibt es vielleicht sogar einen Begriff, der all die bisher genannten Merkmale in sich trägt?

Nehme ich alles, was ich in diesem Abschnitt beschrieben habe, zusammen, und blicke ich mit diesen Gedanken im Sinn hinaus aus meinem Busfenster, über die Berge, den See, die Straße und die Bäume, so taucht tatsächlich ein fünfter Begriff auf: Es liegt eine gewisse *Offenheit* in dieser Landschaft. Ich zweifle ein wenig, ob es möglich ist, eine visuelle Stelle zu finden, die all die bisher gefundenen Aspekte in sich vereint. Dennoch, versuchen kann ich es ja. Ich müsste hierfür gezielt nach der spezifischen Art von *Offenheit* Ausschau halten, die ich hier meine. Eine *Offenheit*, die das *Alte*, das *Verwitterte*, das *Abgerundete* und das *Weite* in sich vereint.

Die Sehnsucht, die ich bei diesem Gedanken spüre, taucht an der gleichen Stelle in meinem Körper auf wie zuvor der feine, stechende Schmerz. Schmerz und Sehnsucht liegen wohl manchmal sehr nah beieinander. Wenn ich mich dem Schmerz zuwende, ihn mit meiner Zuwendung für mich öffne (oder: mich für ihn öffne, für seine Realität, sein Gegebensein), wird er zu einer Sehnsucht. Er kommt ins Fließen.

3.3 Erkenne Polaritäten

Bald wird es an der Zeit sein, die vielen, einzelnen und (scheinbar) losen Enden, die ich bisher in diesem Kapitel begonnen habe, in einer klaren Linie zu bündeln. Denn nicht nur das Buch nähert sich so langsam dem Ende - auch ich habe mittlerweile den nördlichsten Punkt meiner Reiseroute hinter mir gelassen und fahre nun wieder stetig in Richtung Süden. Auf direktem Wege nach Hause fahren kann ich jedoch noch nicht. Da ist noch etwas offen. Und zwar die Sache mit der Offenheit. Als ich also vor der Entscheidung stehe, welchen der vielen Wege ich nehmen soll, die alle nach Oslo führen, entscheidet sich etwas in mir für den steileren, beschwerlicheren Weg. Ich biege von der E16 in Richtung Gol ab und werde hinaufgeführt auf einen Gebirgspass.

Es geht jetzt steil bergan, mein Bus schafft die Steigung gerade mal im dritten Gang. Immer höher führt mich der Weg, hinauf auf ein Fjell, eine norwegische Hochebene. Und mit einem Male liegt das *Offene* vollkommen offen vor mir. Als ich nicht ganz am Rande des Fjells angelangt bin, das Tal fast verlassen habe, aus dem der Weg hinauf führt, offenbart sich mir ein Anblick, bei dem sich die Hänge, die die Straße links und rechts begrenzt hatten, behutsam öffnen: Eine sanfte Weite wird spürbar, wie ein ganz breit gezogenes U (oder der Grinsemund eines Smileys), am tiefsten Punkt durchschnitten von einem Wasserfall, der kaskadenartig die sanfte Linie des Talbodens durchbricht.

Da ist es, mitten da: das *Offene*. Ich muss fast lachen, als mir das klar wird. Dass es so einfach sein kann, hätte ich nicht gedacht. Ich bremse und werfe einen Blick in den Rückspiegel. Der LKW, der hinter mir die Steigung hoch kommt, ist noch ganz klein, also weit weg. Ich halte, lege den Rückwärtsgang ein, fahre einige Meter zurück zu der befestigten Fläche, die seitlich am Rand der Straße angelegt ist. Sitze einfach da, die Scheibenwischer laufen (es regnet ein wenig). Ich schaue das *Offene* an und staune. Dann nehme ich die Kamera, die immer neben mir auf dem Beifahrersitz liegt, steige aus.

Mit dem ersten Foto versuche ich, das *Offene* direkt durch den Wasserfall und die U-förmige Linie des Bergs zu erfassen. Ich zoome so weit heran, dass nur diese beiden Bildelemente sichtbar bleiben. Außerdem sind auf dem Foto noch zwei der roten, typisch norwegischen Hütten mit abgebildet, die am Rande des Wasserfalls stehen. Das Bild sieht schon ganz gut aus, ich steige also wieder ein. Ich sitze wieder auf dem Fahrersitz, betrachte das Bild auf dem Display der Kamera. Vergleiche das Foto mit dem, was ich vor mir durch die Frontscheibe sehe. Mir wird klar: Nein. Das ist es nicht. Ich habe es noch nicht. (Und eine kleine Stimme in mir sagt: Komm schon, Tony, streng dich ein bisschen an.)

Also steige ich wieder aus. Mir wird deutlich, dass ich mehr Weite brauche. Ich brauche die ganze Breite des U, und nicht nur den schmalen mittleren Ausschnitt, der vom Wasserfall durchschnitten wird. Also stelle ich die Linse in den Weitwinkelbereich. Damit bekomme ich jedoch das Problem, dass im unteren Bilddrittel der (eher langweilige) Schotter mit auftaucht, auf dem ich stehe. Die nächsten Bilder stellen einen Versuch dar, diesen Bereich auszusortieren. Oder besser: Ihn zu ersetzen. Mir kommen die beiden Grashalme wieder in den Sinn, die ich auf dem Foto auf der Fähre gesehen hatte. Also suche ich mir Gräser, am Rande des Schotters. Sie sind mit Regentropfen benetzt - das sieht als Untermalung (Vordergrund) sehr schön aus. Ich kämpfe noch ein wenig mit verschiedenen Helligkeiten (weder Über- noch Unterbelichtung) und Ausschnitten (weder zu viele Grashalme noch zu wenige), bis ich ein Foto habe, das gut aussieht. Es braucht noch ein wenig Nachbearbeitung am Computer, um die dunklen Stellen aufzuhellen (hätte ich die Belichtungskorrektur gleich an der Kamera heller gestellt, wäre der Himmel weiß ausgefranst).

Dieses Bild enthält das *Offene*. Schön und gut. Und: Noch immer bin ich nicht zufrieden, ohne so recht zu verstehen warum. Dennoch fahre ich jetzt weiter. Nach nur ein paar hundert Metern Wegstrecke fällt mir eine der Hütten auf, die von Zeit zu Zeit direkt neben der Straße stehen. Ihre Fensterläden sind geschlossen. Sie ist rötlich braun gestrichen, rechteckig, kompakt und hat irgendwie etwas von einem Menschen, der sich unter einem Dach ganz klein macht, sich zusammenkauert. Als ich ein Stück daran vorbeigefahren bin, kommt mir ein neues Wort in den Sinn: Geschlossen. Diese Hütte repräsentiert das *Geschlossene*. Sie ist das vollkommene Gegenteil zur Offenheit der Landschaft.

So langsam ahne ich: So einfach, wie ich zunächst dachte, ist das Ganze wohl doch nicht. Hier beginnt die eigentliche Kunst.

3.4 Die eigentliche Kunst

Wenn man das Wort *Kunst* in einem etymologischen Wörterbuch nachschlägt, so findet man das Sprichwort bestätigt, dass Kunst tatsächlich von *Können* kommt[9]. Schlägt man daraufhin die Herkunft dieses Wortes nach, so wird deutlich, dass sich *Können* als eine spezifische Mischung aus *Kennen, Wissen* und *Vermögen* beschreiben lässt[10]. Was genau ist es also, was ich *kennen* und *wissen* muss, um das zu *vermögen*, was sich letzten Endes als künstlerisches Fotografieren bezeichnen ließe?

Wir nähern uns mit dieser Frage dem Punkt, der mir in diesem Buch am allerwichtigsten ist. Es ist interessant, dass so viel Vorarbeit notwendig war, um überhaupt erst hierher zu gelangen. Ist diese Arbeit geleistet,

- *kenne* mich selbst so weit, dass ich jederzeit Zugang zu meiner Intuition finden und mein Gespür beim Fotografieren sicher zum Einsatz bringen kann. In Kapitel eins richtete sich der Fokus vor allem auf den Menschen, der fotografiert.

- Ich *weiß* auch, wie ich Fotografien z.B. durch Freistellen und durch die Kombination von Bildelementen so gestalten kann, dass sie Wesentliches enthalten. In Kapitel zwei richtete sich der Fokus primär auf das Motiv und auf dessen bildliche Darstellung.

Jetzt wird es möglich, noch einen Schritt weiterzugehen. In Kapitel drei schauen wir uns die *Interaktion* an zwischen

---

[9]Kluge, F.; Seebold, E. (1999): Etymologisches Wörterbuch der deutschen Sprache. 23. Aufl. Berlin: de Gruyter. S. 494
[10]ebd., S. 471

dem Menschen, der fotografiert und dem, was er fotografiert. Wir beschäftigen uns damit, *wie* er es fotografiert. Was *vermag* ich also zu tun, wenn ich mich selbst *kenne* und wenn ich *weiß*, was gestalterisch möglich ist? Die Antwort ist wieder sehr schlicht: Ich kann inhaltliche Polaritäten meines Motivfelds und fotografische Stilmittel so miteinander verbinden, dass die inhaltliche Aussage von der formalen Darstellung unterstrichen, hervorgehoben, ja überhaupt erst so richtig ermöglicht wird.

Das ist die eigentliche Kunst. Das Potenzial dieses Gedankens ist gewaltig - je schlichter die Ideen, desto weitgreifender die Konsequenzen. Eigentlich müsste ich an dieser Stelle ein völlig neues Buch beginnen, um all die Möglichkeiten systematisch zu durchdenken und um konkrete Ansatzpunkte abzuleiten. Die Zielsetzung des Buches, das du in Händen hältst, ist jedoch eine andere. Es geht mir hier lediglich darum, einen *sicheren Grund* zu etablieren für die künstlerische Arbeit. Worauf es mir ankommt, ist, dass du ganz sicher und selbstverständlich in der Lage bist, deine fotografische Intuition zu wecken und für die Bildgestaltung zu nutzen. Nichts ist schrecklicher als völlig sinnentleerte, aber ästhetisch anspruchsvolle Bilder, die (meiner Ansicht nach) typisch sind für eine sinnentleerte Gesellschaft, in der es eigentlich egal ist, was wir tun, so lange es nur gut aussieht. Ich kann deshalb gar nicht oft genug betonen, dass eine tiefe und sichere Verwurzelung in deinem eigenen Empfinden, ja letztlich in dir selbst, wichtiger ist als alles, was du in Fotokursen oder in herkömmlichen Büchern über Technik, Fotografie und Bildgestaltung lernen kannst. Deshalb möchte ich mich an dieser Stelle kurz fassen und lediglich fünf fotografische Stilmittel[11] ins Bewusstsein rufen, die immer „griffbereit" liegen und die wir jederzeit einsetzen können.

3.5 Erzeuge Spannung

Spielen wir das Ganze einfach mal durch, anhand des Beispiels der norwegischen Landschaft. Welche konkreten Möglichkeiten habe ich hier? Die Herausforderung liegt darin, den Gegensatz von *offen* und *geschlossen* so zu symbolisieren, dass der Betrachter das, was mich selbst an dieser Landschaft so beeindruckt hat, ebenfalls nachfühlen kann. Es kommt also darauf an, den Spannungsbogen zwischen diesen beiden Polen durch die Wahl geeigneter Symbolisierungen so weit wie möglich zu maximieren.

Vordergrund und Hintergrund

Die einfachste Möglichkeit, um Spannung zu erzeugen, liegt darin, ein Element, was das *Geschlossene* repräsentiert, in den Vordergrund zu rücken und das, was das *Offene* repräsentiert, in den Hintergrund. Also z.B. die Hütte in ihrer geschlossenen Form vor der offenen Weite des Tals abzulichten. Dabei ist zu beachten, dass der Vordergrund dem Betrachter näher ist, dass also das, was im

---

[11]Zur Vertiefung empfehle ich das Werk von Andreas Feininger „Grosse Fotolehre" (Heyne, 2001). Dieses Buch ist zuerst in den 1970er Jahren erschienen und heute technisch völlig veraltet. Dennoch kenne ich kein Buch, das grundlegende fotografische Gestaltungsmöglichkeiten so differenziert beschreibt - alle Inhalte der Kapitel über Komposition und Bildgestaltung sind zeitlos und auch heute noch unbedingt lesenswert.

Vordergrund liegt, der „wichtigere" Pol ist. Er ist intuitiv „greifbarer". Zugleich jedoch kann ich durch die gezielte Nutzung von Vordergrund und Hintergrund auch eine Entwicklung andeuten. Nehmen wir die Straße, die die Landschaft durchschneidet. Sie deutet eine Bewegung an - menschliche Körperbewegung läuft naturgemäß eher vorwärts als rückwärts (deshalb sind die Augen auch vorne). Somit implizieren Vordergrund und Hintergrund auch eine Bewegung von der Gegenwart zur Zukunft. Die Hütte im Vordergrund wäre dann der Jetzt-Zustand und eine Straße, die von der Hütte in die Weite und Offenheit des Tals hineinführt, würde dann eine mögliche Entwicklung repräsentieren.

Hell und dunkel

Ich kann auf die Verteilung von Licht und Schatten acht geben. Das *Geschlossene* ist für mich eher etwas Dunkles, das *Offene* fühlt sich hell an. Denn dort, wo etwas offen ist, kann das Licht hineinscheinen. So macht es z.B. Sinn, darüber nachzudenken, zu welcher Tageszeit die Hütte im Schatten liegt. Oder ich kann beobachten, wie (und ob) die Wolken über den Himmel wandern und wann sie bestimmte Teile der Landschaft abdunkeln. Wie lässt sich der Kontrast von dunkler Hütte und heller Weite steigern? Würde ein Blitz oder ein Reflektor helfen, den Vordergrund aufzuhellen oder wäre das im gegebenen Fall eher kontraproduktiv? Wie würde ein Bild wirken, bei dem eine dunkle, kleine, enge Hütte von gleißendem Licht bestrahlt wird, das durch die Wolken bricht?

Scharf und Unscharf

Unschärfe lässt sich gezielt erzeugen, indem ich

- auf einen bestimmten Bereich fokussiere und auf einen anderen nicht,
- die Tiefenschärfe verringere (z.B. durch eine kleinere Blendenzahl oder durch die Verwendung einer Kamera mit größerem Sensor),
- bewegte Objekte lange belichte (Bewegungsunschärfe),
- die Kamera bewege (z.B. Mitziehen mit einem bewegten Objekt - dann wird der Hintergrund unscharf abgebildet) oder
- indem ich während des Fotografierens schnell zoome (dies ist bei manchen manuellen Objektiven möglich).

Was unscharf abgebildet ist, wird nicht so genau sichtbar, ist eher vage und unbestimmt. Was scharf abgelichtet ist, kann vom Auge des Betrachters genau erkundet werden. Worauf kommt es mir nun an? Angenommen, die Hütte liegt im Vordergrund, ich lichte sie scharf ab. Das *Geschlossene* ist damit ganz deutlich erkennbar. Das *Offene* hingegen, die Weite des Tals im Hintergrund, ist eher vage und unbestimmt. Will ich das so? Was ist mir wichtig?

Groß und klein

Wie stark nähere ich mich der Hütte bzw. wie weit zoome ich heran? Will ich die Hütte bildfüllend abbilden oder soll sie nur einen stecknadelkopfgroßen Bereich meines Fotos einnehmen? Wird die Weite des Tals nur ansatzweise angedeutet, so dass sie gerade so an den Bildrändern ahnbar ist, oder nehme ich die gesamte Weite in den Blick? Dabei ist zu beachten: Das, was groß abgebildet wird, hat mehr Gewicht in der Bildaussage. Worauf kommt es mir an - will ich das *Offene* als etwas Zentrales zu dem *Geschlossenen* als etwas Nachrangigem in Beziehung setzen oder ist es nicht doch eher umgekehrt? (Übrigens ist es oft hilfreich, bei unbestimmbaren Größenverhältnissen ein bekanntes Objekt als Maßstab hinzuzufügen. Schon oft musste mein Bus als menschengemachte Vergleichsgröße in einer gewaltigen Landschaft herhalten, deren Dimensionen sonst nicht abschätzbar gewesen wären.)

Gegensätzliche Farbgebung

Ich kann mich auch auf die Suche machen nach interessanten Farbgebungen. So kann ich z.B. gezielt nach Komplementärfarben suchen. Der Klassiker in Norwegen: rote Hütte, umgeben von einer grünen Landschaft. Ich kann jedoch auch das mit (grünem) Gras bewachsene Dach der Hütte in den Blick nehmen und das rotbraune Gestein der Umgebung dazu in Beziehung setzen. Oder ich suche eine einzelne gelbe Blume, die vor der blauen Weite des Himmels auffällt. Interessant ist auch ein orange leuchtendes Fenster vor einem bläulich-dämmrigen Hintergrund. In Bezug auf unser konkretes Gegensatzpaar (offen/geschlossen) kann ich mir überlegen, welche Farbe welchen Pol stärker repräsentiert. Die Farbe rot wirkt expansiv und manchmal sogar ein wenig aggressiv, die Farbe grün hingegen wirkt oft satt und beruhigend. Eine Hütte mit einer knalligrotbraunen Farbe wäre eher dem *Offenen* zuzuordnen, was hier also im Widerspruch zu der eigentlichen Bildaussage stehen und damit den Spannungsbogen verringern würde.

Insofern macht es in diesem Beispiel Sinn, die Spannung zwischen *offen* und *geschlossen* dadurch zu maximieren, dass die Farbsättigung der Objekte *verringert* wird (z.B. in der Bildnachbearbeitung oder durch Verwendung spezieller Farbfilter).

Ich möchte mit dieser kleinen Aufzählung deutlich machen, dass grundsätzlich eine sehr große Vielzahl von Stilvarianten möglich ist. Ich kann das *Geschlossene* z.B. im Vordergrund, im Dunkel, unscharf, groß und unter Betonung der Farbe grün (Gras auf dem Dach) ablichten und das *Offene* im Hintergrund, im Hellen, scharf, klein und ebenfalls mit Betonung der Farbe grün (Vegetation der Landschaft). Dies würde ein Foto ergeben, bei dem eine dunkle, gedrungene Hütte in einem hellen, weiten Tal liegt, die relative Gleichartigkeit der Farben würde dabei betonen, dass ein Pol fließend in den anderen übergeht. Ich könnte das *Geschlossene* jedoch auch im Hintergrund, im Hellen, scharf, klein und unter Betonung der Farbe rot ablichten und das *Offene* im Vordergrund, im Hellen, scharf, groß und unter Betonung der Farbe grün. Die Hütte liegt dann z.B. in der Ferne, am Ende des Weges, dunkel, klein, eng und ein bisschen bedrohlich (aufgrund der Assoziation von rot und aggressiv). Das Tal hingegen mit seiner Weite läge dann hell beleuchtet im Vordergrund, friedlich und harmlos. Diese Variante würde also eine völlig andere Bildaussage ergeben. Ich würde mich in diesem Fall intuitiv eher für die erste Variante entscheiden: Vom Geschlossenen zum Offenen, vom Dunklen zum Hellen, weil das das ist, wie ich es in der gegebenen Situation empfinde. Theoretisch jedoch ergeben sich allein mit den fünf Stilmitteln, die hier besprochen wurden, schon 2 * 2 * 2 * 2 * 2, also 32 Möglichkeiten[12], wie man das Motiv „Hütte und Tal" ablichten könnte.

Woran nun merke ich, ob die Varianten, die ich gewählt habe, stimmig sind? Hier komme ich erneut an die harte Grenze, die ich immer wieder gespürt habe, während ich dieses Kapitel schrieb. Denn es lässt sich hierfür keine eindeutige Antwort aufschreiben. Ich kann nur so viel sagen: Ich spüre es einfach. Ich kann es nicht nicht spüren. Meine Sehnsucht, ein *gutes* Foto zu machen, mein Hunger nach *Mehr*, gibt mir präzise Auskunft. Alles, was wir beim Fotografieren tun können, ist auszuprobieren, was funktioniert. Wir können spielerisch sein, verschiedene Stilmittel gezielt kombinieren und schauen, was wie wirkt. Der Rest ist dann wie bei dem Kinderspiel, bei dem einem Kind die Augen verbunden werden und ein anderes Kind sagt immer „kalt" oder „warm". Je mehr spannungsgeladene Fülle auf dem Bild ahnbar wird, desto geringer ist der Abstand zum ersehnten Ziel. Je mehr stilistische Varianten wir ausprobieren, desto mehr Spielräume erarbeiten wir uns. Je klarer wir unsere Sehnsucht wahrnehmen, desto sicherer kann sie uns zum Kompass werden, der uns einer optimalen Darstellung des Motivs näher kommen lässt. Vielleicht

---

[12]Dabei ist noch nicht berücksichtigt, dass innerhalb jedes der genannten Stilmittel ebenfalls mehrere Varianten existieren (z.B. die verschiedenen Varianten, Unschärfe zu erzeugen). Andererseits sind freilich in der Praxis nicht alle Varianten gleich gut realisierbar - so wird es z.B. schwierig, ein Objekt, das im Hintergrund liegt, groß abzulichten. Dennoch - die Kombinationsmöglichkeiten werden schnell unüberschaubar.

haben Schmerz und Sehnsucht denselben Ursprung. Durch die stimmige Verwendung von Stilmitteln bekommen sie auch dasselbe Ziel: Den sichtbaren Ausdruck des erlebten Spannungsschmerzes in einer spannungsgeladenen Fotografie.

3.6 Wozu fotografieren wir?

Eine Sehnsucht kann man auch direkt befragen. Dann dehnt und reckt sie sich, entfaltet sich. Und manchmal zeigt sie ganz konkrete Möglichkeiten auf. Die denkbar einfachste Frage, die man einer Sehnsucht stellen kann, ist die Frage nach dem *Wozu*: Wozu fotografieren wir? Welchen Sinn macht es, eine Kamera in die Hand zu nehmen?

Es mag viele Antworten auf diese Frage geben. In letzter Instanz jedoch ist Fotografie für mich Kommunikation. Geht es beim Fotografieren nicht letztlich darum, etwas, was ich wahrnehme, auf den Punkt zu bringen und mitteilbar zu machen? Geht es nicht darum, *für* jemanden sichtbar zu machen, was ich erkannt habe? Geht es nicht darum, das, was ich (und nur ich) zu sehen vermag, weiterzuschenken?

Ich möchte diesen Gedanken ein bisschen auffächern. Kommunikation heißt für mich nicht unbedingt, dass das Gegenüber, für das ich fotografiere, ein anderer Mensch sein muss. In meinem Kommunikationsmodell[13] unterscheide ich drei verschiedene Arten von „Gegenüber". Wenn man

---

[13]Hofmann, Tony (2017): Experienzielle Kommunikation. Wie kann soziales Miteinander in komplexen Situationen gelingen? Coburg: ZKS-Verlag. Online verfügbar unter www.TonyHofmann.com, S. 306f.

diese Unterscheidung auf die Fotografie anwendet, ergibt sich folgende Differenzierung:

1. Ich - Du: Das ist das klassische Verständnis von Kommunikation, das den meisten Menschen auch alltagssprachlich vertraut ist. Ich teile dir etwas mit. Du bist ein anderer Mensch. Auf Fotografie bezogen: Ich mache ein Foto, um dich an etwas teilhaben zu lassen, was mir wichtig ist. Das Foto ist das Medium, das dabei hilft, das zu dir zu transportieren, woran ich dich teilhaben lassen will.

2. Ich - Ich: Hier kommuniziere ich mit mir selbst. Vielleicht klingt das zunächst ein wenig ungewohnt. Aber ist das Selbstgespräch nicht genau genommen die häufigste Form der Kommunikation? Auf Fotografie bezogen: Ich fotografiere für mich selbst. Ich möchte z.B. bestimmte Momente meines Lebens festhalten, wie in einem Tagebuch, damit ich mich später daran erinnern kann. Die Fotos sind nur für mich bestimmt, niemand anders muss sie verstehen. Vielleicht bekommt sie nicht mal jemand außer mir selbst je zu Gesicht.

3. Ich - Prozess: Die dritte Variante bezieht sich auf den Prozess der Kommunikation als Ganzes. Ein Beispiel wäre journalistische Fotografie: Hier wird immer wieder Anleihe genommen bei dem, was schon gelaufen ist, um es zu zitieren und zu verändern. Fotografien beziehen sich etwa darauf, was bisher bereits über ein Thema berichtet wurde, sie nehmen darauf Bezug, interpretieren es, geben dem Ganzen vielleicht eine neue Richtung. Ich fotografiere

hier letztlich für den Prozess als solchen. Ich möchte mitreden, möchte den Gesprächsprozess in eine bestimmte Richtung lenken, möchte bestimmte Akzente setzen. Ich übernehme Verantwortung für den Weg der Kommunikation als Ganzes.

Besonders die dritte Variante macht deutlich: Es ist selten so, dass eine der Varianten in Reinform vorkommt. So kann ich z.B. nicht für den Prozess fotografieren, ohne zugleich auch für andere Menschen zu fotografieren (Ich - Du). Den Prozess gäbe es schließlich nicht ohne die anderen Menschen. Und auch für mich selbst müssen die Fotografien stimmig sein (Ich - Ich). Wenn das, was ich fotografiere, nicht zunächst für mich selbst plausibel ist, macht es gar keinen Sinn, es an ein Gegenüber (Ich - Du) oder gar in Bezugnahme auf den bisherigen Prozess als solchen (Ich - Prozess) weiterreichen zu wollen. In den meisten Fällen mischen sich also die drei „Gegenüber", für die ich fotografiere.

Ich wage sogar, die Behauptung in den Raum zu stellen, dass eine wirklich gute Fotografie, gerade wenn es eine künstlerische Fotografie ist, alle drei Ebenen *zugleich* berücksichtigt. Dann fühlt sich das, was abgebildet ist, für mich selbst tief befriedigend an, außerdem wird der Betrachter bereichert, wenn er das Foto anschaut und das Foto trägt auch das Große Ganze voran. Dennoch würde ich sagen, dass die intimste der drei Varianten, die Beziehung von mir zu mir selbst (Ich - Ich), die entscheidende ist. Sie ist der Keimling, aus dem heraus sich die anderen beiden Beziehungen (Ich - Du und Ich - Prozess) entfalten können. Eine befreundete Sängerin und Songwriterin drückt einen ganz ähnlichen Gedanken aus, wenn sie über ihre schöpferische Arbeit in ihrer Band schreibt:

> „Ich bin in der Band sehr darauf bedacht, dass
> dieses *AusMirHeraus*, also die Essenz dessen, was
> im schöpferischen Moment meinem Selbst ent-
> sprang, im Lied steckt. Für die Musiker kann das
> herausfordernd sein - mit dem Resultat sind sie
> dann aber sehr zufrieden. Das meine ich, wenn ich
> sage, ich mache das nur für mich. Es ist ein sehr
> innerpsychischer (tiefenpsychologischer) Schaffen-
> sprozess, der mir dieses Gefühl von Einheit mit
> meinem Selbst gibt.“

Wird die innere Beziehung, die zu einer Einheit mit dem eigenen Selbst führt, stimmig entfaltet, dann sind die beiden anderen Beziehungen (Ich - Du und Ich - Prozess) in Ich - Ich auch schon mit enthalten. Das, was ich an meine Mitmenschen weitergebe und das, was ich zum Großen Ganzen beitrage, ist dann bereits von vornherein mit mir selbst und mit meinem Ausdruck „verrechnet“.

Eigentlich ist es ganz egal, ob die Kommunikation über das Medium der Fotografie oder ob sie mittels Sprache oder durch Musik erfolgt. Letztlich geht es darum, sichtbar zu werden und einander in unserem Sosein anzuerkennen. Im Kunstschaffen machen wir uns füreinander sichtbar. Es geht dabei um die Sichtbarkeit des Künstlers und nur darum und um nichts sonst. Und so darf es auch sein. Wir dürfen Sorge dafür tragen, dass das besondere *AusMirHeraus* entstehen kann, dass es Raum bekommt und erlaubt ist. Das Individuellste, was wir in uns finden und ausdrücken, kann dann zum Allgemeinsten werden, was von vielen verstanden wird.

Die höchste Kunst jedoch ist es, *für* einen anderen Menschen das präzise auszudrücken, was *dieser* Mensch fühlt.

Selbst in der Psychotherapie sind solche besonderen Augenblicke äußerst selten. Ich glaube, dies ist eines der größten Geschenke, die wir einander überhaupt machen können. Carl Rogers schrieb dazu: „Als eine fast universelle Reaktion betrachte ich inzwischen die Tränen in den Augen dessen, der sich im Innersten verstanden fühlt. Ich glaube, daß er ganz buchstäblich vor Freude weint"[14].

Ich möchte dich zu einem letzten Experiment einladen. Es ist „nach vorne hin offen gehalten", das heißt, dass du ein ganzes Leben dafür aufwenden kannst, um die darin enthaltenen Ansätze zu perfektionieren.

Experiment 18 - Drei Stufen der Ansprache

Das Experiment hat drei Stufen. Sie lauten:

1. Mache Fotos so, dass sie dich zutiefst befriedigen. Dich und nur dich und niemanden sonst. Das ist die Basis. Gehe erst weiter, wenn du hier ganz sicher bist. Selbst, wenn es Jahre dauern sollte, bis du diese Kunst beherrschst.

2. Mache Fotos so, dass sie dich befriedigen und zugleich auch einen einzelnen, besonderen, anderen Menschen. Lass einen Felt Sense zu diesem Menschen entstehen. Halte den Felt Sense zu diesem Menschen in deinem Erleben und fotografiere dann aus diesem Erleben heraus. Fotografiere ganz aus dir selbst heraus *für* diesen besonderen Menschen. Gehe erst weiter zum dritten Schritt, wenn du auch

---

[14]Rogers, Carl R. (1974): Lernen in Freiheit. Zur Bildungsreform in Schule u. Univ. München: Kösel. S. 216

hier ganz sicher bist. (Du wirst es an der Reaktion dieses Menschen bemerken, wann es soweit ist.)

3. Mache Fotos so, dass sie dich befriedigen und einen besonderen anderen Menschen - und öffne dann deine Fotos für noch weitere Menschen, darüber hinaus. Fotografiere für all die Menschen da draußen in der Welt. Das heißt: Entwickle nach und nach eine Bildsprache, die immer mehr Menschen anspricht; formuliere deine Bilder so um, dass ihre Sprache auch für andere Personen, vielleicht sogar für völlig Unbekannte, verständlich, stimmig und passend ist.

Achte bei diesem (Lebens-) Experiment darauf, dass du möglichst nicht den Bezug zu dir selbst verlierst. Wenn du merken solltest, dass du irgendwann nur noch fremden Erwartungen folgst, nimm es leicht. Kehre wieder zurück zu Stufe eins und beginne von Neuem. Martin Gottstein schreibt, dass es selbst für sehr geübte Menschen eine Lebensaufgabe bleibt, immer wieder zur eigenen Mitte zurückzufinden:

> „Es wird immer wieder Situationen geben, in denen wir das Glück haben, uns der Focusing-Haltung anzunähern, um dann gleich zu merken, dass sie uns wieder abhanden gekommen ist. So ist das bei uns Sterblichen halt. Dann müssen wir sie eben wieder suchen gehen."[15]

Ja, so ist das einfach. Wir alle sind Anfänger.

---

[15] Gottstein, M. (2016): Focusing und Märchen. Finde den Schlüssel zu deinem inneren Schatz. Hamburg: Tredition. S. 31

Epilog

Mein Urlaub ist fast zu Ende. Fotos habe ich keine mehr gemacht. Manchmal komme ich an einen Punkt, an dem etwas zu kippen beginnt. Mittlerweile bin ich sensibilisiert für diesen Augenblick: Immer dann, wenn der Wunsch, *gute* Fotos zu machen, so sehr in den Vordergrund tritt, dass ich vergesse, die Landschaft als solche zu genießen, macht es keinen Sinn mehr, Fotos zu machen. Sie können dann gar nicht mehr gut werden. Ganz schrecklich finde ich ein Verhalten, das ich oft an schönen Orten beobachte. Menschen steigen aus ihren Fahrzeugen, schauen sich kurz um, machen ein Foto, steigen wieder ein und fahren weiter. Es kommt mir so vor, als ob die Kamera dann eher ein Instrument ist, das sie von dem Ort *trennt,* statt mit ihm in Kontakt zu kommen. Sie fotografieren, um den Ort zu *haben.* Sie sind nicht in ihm und mit ihm. Wenn ich an mir selbst diese Tendenz bemerke, wenn ich den Ort *haben* will, statt in ihm zu atmen, zu leben und zu sein, packe ich die Kamera ein. Und lasse es.

Ich stehe in Flensburg in einer stillen Ecke eines Industriegebiets, während ich diese Zeilen eintippe. Vor mir prangt der blau umrandete Schriftzug „Wilhelm Jensen", zusammen mit einem gelb-roten Logo, auf dem Flammen und Werkzeuge zu sehen sind. Während ich diesen Schriftzug betrachte, kommt mir wieder das Foto in den Sinn, das ich auf dem Fjell gemacht hatte, auf der norwegischen Hochebene in Richtung Gol. Das Foto, auf dem sowohl die sanfte Breite des Tals, als auch das Einschneidende des senkrecht nach unten stürzenden Wassers erfasst wird. Das Bild dieses Tals hat mich in den letzten Tagen gedanklich begleitet. Es beschäftigt mich, ist immer und immer wieder vor meinem inneren Auge aufgeblitzt. Das ist ein Zeichen dafür, dass ich mit dem Foto noch nicht „fertig" bin. *Es* will noch etwas. Ich möchte seine Bedeutung noch ein wenig tiefer erkunden.

Ich lade dich ein, mir (sozusagen „live") bei einem kleinen Sprachfindungsprozess beizuwohnen. Ich möchte zum Abschluss dieses Buches noch genauer herausarbeiten, was *es* ist. Rekapitulieren wir hierfür noch einmal, wie das Bild zustande kam. Zunächst war da der kleine Schmerz in meinem Brustraum, der mit dem Gefühl einherging, dass meine Fotos noch nicht *gut* sind. Dann wurde aus dem Schmerz ein Empfinden von Sehnsucht, die mit dem Begriff der *Offenheit* zusammenspielte. Diese Sehnsucht hat mich schließlich zu dem konkreten Foto geführt. Ich habe die entsprechende Aufnahme jetzt auf dem Display meiner Kamera aufgerufen. Sie liegt vor mir und ich kann jederzeit hinschauen.

Ein typischer Sprachfindungsprozess läuft in fünf Schritten ab[16]. Diese Schritte werde ich jetzt systematisch durchlaufen und dabei der Frage nachgehen, was das Foto (bzw. die

---

[16] siehe auch www.sinn-bilder.de

Symbolik des Fotos) für den Abschluss dieses Büchleins sagen kann.

Schritt 1: Entscheide dich für ein Foto

Habe ich bereits getan.

Schritt 2: Sammle Bilddetails

Folgende Bildelemente fallen mir besonders auf:

- die *Gräser* im Vordergrund,
- die sanfte *u-förmige Biegung* des eigentlichen Tals im Hintergrund,
- eine *Straße*, die ich bisher noch gar nicht richtig wahrgenommen habe und die einen Teil des U bildet und in die Ferne führt,
- der *Bach*, der kaskadenartig in die Tiefe stürzt und ins Tal einschneidet und
- der *Himmel*, der wolkenbehangen über allem schwebt.

Schritt 3: Verbinde die Details mit dem Thema

Die *Gräser* sind so etwas wie eine wohlwollende Einrahmung. Ohne ein warmherziges Gefühl geht es nicht. Die Liebe zum Fotografieren, die Liebe für die Motive ist die Grundlage. Die *Straße* touchiert den eigentlichen Kern des Themas. Aber sie ist auch ein Teil davon. Sie kommt von links unten und führt nach rechts oben. Den Kern des Themas kann ich an dieser Stelle noch nicht benennen. Aber er liegt in dem Gegensatzpaar von den (eher waagrecht verlaufenden) Linien des Tals und dem (eher senkrecht verlaufenden) Wasserfall. So viel kann ich schon sagen. Interessant ist, dass die Straße einen Teil dieses Kerns bildet, aber zugleich auch darüber hinausgeht. Dieses Detail möchte ich gleich noch einmal genauer betrachten. Der *Bach* schneidet ein. Er bildet den Gegensatz zu den sanft verlaufenden Linien der *U-förmigen Biegung*. Die sanfte Biegung steht für das Übliche, das Schöne, das Bekannte, das Ästhetische. Es geht in die Breite, ist allgemein anerkannt. Es wird wohlwollend rezipiert. Das Einschneidende des Bachs ist das, was von diesem Üblichen abweicht. Es verstört. Es rüttelt auf. Es hat auch etwas von einem Skalpell, das in Fleisch schneidet. Betrachte ich das Foto genauer, so fällt mir auf, dass es zwischen diesen beiden letztgenannten Aspekten so etwas wie eine Pendelbewegung gibt. Der Bach schneidet nicht einfach so senkrecht ein. Sondern es gibt ein Hin- und Her zwischen Breite und Tiefe. Der Bach fließt ja eben kaskadenartig ins Tal und nicht wie ein einzelner, schneidender Wasserstrahl. (Insofern passt das Skalpell doch nicht so richtig). Im *Himmel* spüre ich eine merkwürdige „Verdoppeltheit": Er ist da und er ist nicht da. Er gehört mit zum Bild, als ob er genauso Substanz hätte, wie die Steine, das Wasser und die Gräser, aber er ist schwebend über allem, er lässt mehr frei als er begrenzt.

Schritt 4: Formuliere eine Kernaussage

Mir war vor dem Sprachfindungsprozess schon bewusst, dass der Kern im hin- und herpendeln zwischen Breite und Tiefe liegt. Das ist ja gerade die Offenheit. Es gibt nicht ein entweder-oder (entweder Breite oder Tiefe), sondern es braucht ein sowohl-als-auch (sowohl Breite als auch Tiefe). Wenn ich verstörende Fotos mache, werde ich nur einen kleinen Teil der Betrachter ansprechen und die allermeisten werden mit meinen Fotos nichts anfangen können oder sie sogar ablehnen. Wenn ich nur ästhetisch schöne Fotos mache, verliere ich die eigene Aussagekraft, die eigene Kantigkeit, die eigene Persönlichkeit. Die Kunst besteht darin, zwischen beidem hin- und her zu pendeln. Offenheit ist dann gerade das, was beides integriert. Wenn ich zu schnell in zu große Tiefen vordringe, verliere ich den Anschluss an das Sichere, Etablierte. Wenn ich zu lange im Sicheren, Etablierten verweile, verliere ich die Lebendigkeit und die Frische des Wassers. Dann werden meine Aufnahmen seicht und (letztlich auch) langweilig. Die Kunst liegt also auch in der Offenheit des Himmels, der sich über allem aufspannt. Er ist so etwas wie ein Möglichkeitsraum. *Im hin- und herpendeln zwischen Verstörung und Ästhetik liegen neue Möglichkeiten.* Das ist ein Teil der Kernaussage, die ich bisher formulieren kann.

Schritt 5: Drehe Schleifen

Ganz zufrieden bin ich noch nicht. Ich möchte noch beachten, dass die Straße den Kern touchiert. Die Straße bildet so etwas wie eine Gegenbewegung zum Hinabfließen des Wassers. Sie kommt (meinem Empfinden nach) von unten aus dem Tal und führt in die Ferne. Die Straße ist das, was ich selbst tun kann. Ich kann mich (in diesem Bild) nur auf der Straße bewegen. Und eigentlich berührt die Straße nur einen bestimmten, kleinen Kontakt-Punkt des eigentlichen Kerns. Dieser Punkt ist genau die Stelle, die Breite und Tiefe verbindet. Die Straße führt dorthin, berührt die sensible Stelle und führt dann wieder weg. Was hat es also mit diesem Kontaktpunkt, mit dieser sensiblen Stelle auf sich?

In der sensiblen Stelle findet alles zueinander: Ich selbst mit dem, wo ich herkomme, ich selbst mit dem, wo ich hin will, das Etablierte, Bekannte, Anerkannte, Schöne und auch das Verstörende, Einschneidende, sowie das Mögliche, und all das umrahmt von einer wohlwollenden Haltung. All diese Aspekte zusammengenommen machen die *Offenheit* aus, die ich meine, die Offenheit, auf die es mir in der Fotografie ankommt.

Was also wäre eine Kernaussage, die all das verbindet? *Im hin- und herpendeln zwischen Verstörung und Ästhetik liegen neue Möglichkeiten, wenn ich wohlwollend die sensible Stelle berühre, die Schmerz in Sehnsucht verwandelt.* Ist es das schon? Im Grunde ja. Aber es klingt noch ein wenig sperrig. Kann ich den Satz noch kondensieren, noch mehr auf den Punkt bringen? Mir fallen zwei Dimensionen auf, die ich hier beschreibe, damit lässt sich ein Vierfelderquadrat erzeugen. Links und rechts liegen Verstörung und Ästhetik. Oben und unten liegen Schmerz und Sehnsucht. In der Mitte all dessen liegt die sensible Stelle:

Sehnsucht

Ästhetik   *die sensible Stelle*   Verstörung

Schmerz

Eine vereinfachte Kernaussage meines Sprachfindungsprozesses kann also lauten: *Finde die sensible Stelle zwischen Schmerz und Sehnsucht, zwischen Ästhetik und Verstörung.* Betrachte ich diese Aussage, so fällt mir auf, dass sich das Ganze noch weiter reduzieren lässt. Denn Schmerz ist ein bisschen wie Verstörung und Ästhetik ist ein bisschen wie Sehnsucht. Vielleicht lässt sich aus all dem eine Frage formulieren, die selbst die Sehnsucht nach guten Fotos *ist*. Eine Frage, die meinen Blick schärft. Wie eine Brille, die ich beim Fotografieren trage und durch die ich zukünftig hindurchschaue, wenn ich mit der Kamera unterwegs bin. Sie lautet: *Welche Stelle meines Motivfelds ist so verstörend ästhetisch, dass es schmerzt?*

Für mich ist diese Frage neu. So präzise habe ich das bisher noch nie ausformuliert. Hier könnte ich in meiner künstlerischen Arbeit weiter forschen, Neuland entdecken.

Frag dich, ob diese Frage auch für dich stimmig ist. Falls nicht - wandle sie ab! Entwickle eigene Fragen, die besser zu dir und deinem Kunstschaffen passen. Erkunde die Welt auf deine Weise - mit Fragen im Sinn, mit Offenheit im Herzen und mit der Kamera in der Hand. Die Möglichkeiten sind unbegrenzt.

Danke

Besonderer Dank gilt Anne-Kathrin Lang für die Zuversicht, die sie mir in der Anfangszeit dieses Buchprojekts vermittelt hat. Ohne ihren Glauben daran, dass ich tatsächlich jemand bin, der Bücher schreiben kann, wäre es mir nicht gelungen, dieses Projekt zu initiieren und während eines langen, kalten Winters in Berlin ein erstes gedankliches Grundgerüst aufzubauen. Ich danke Claudia Beyer für ihre differenzierte Rückmeldung zu einer frühen Manuskriptversion sowie Gisela Farenholtz und Monika Wiese für ihre mutmachenden Rückmeldungen zu der Ausarbeitung, die jetzt ganz am Ende entstanden ist. Dank geht auch an René Greiner für seine Rückmeldung, besonders für seinen präzisen Blick auf die vielen kleinen Details und Formulierungen, an denen ich noch feilen konnte. Und ich danke Klaus Renn für die Inspiration, die ich durch sein erstes Focusing-Buch erhalten habe. Wer dieses Buch bereits kennt, hat hier sicherlich viele Metaphern und Denkmuster wiederentdeckt. Habt alle herzlichen Dank!

Zur Weiterführung und Vertiefung

Sinn-Bilder: Bildkarten für Psychotherapie, Pädagogik und Coaching

Sinn-Bilder helfen, das auszudrücken, was fühlbar ist.

Jede Karte zeigt eine bildhafte Metapher. Die Motive sind offen für das gefühlsmäßige Erleben und zugleich konkret genug für sprachliche Beschreibungen. Sinn-Bilder können durch diese Eigenschaft der Doppelseitigkeit (Erleben und Sprache zugleich) einen Explikationsprozess initiieren, der den impliziten Erlebenskern des Themas aussymbolisiert.

Sinn-Bilder finden Anwendung in Therapie, Beratung und Coaching sowie in Bildungskontexten (Hochschullehre, Unterricht). Sie sind überall da einsetzbar, wo ein Mensch etwas subjektiv Bedeutsames schon spürt oder ahnt, aber bisher noch nicht ausdrücken kann.

Aktuell sind folgende Kartensets käuflich erwerbbar (Stand Herbst 2017):

- Basisset I: 60 ausgewählte Bildkarten, Manual, 25 Auswertungsbögen, € 39,95
- Basisset II: 200 Bildkarten – Kartennummern #1 bis #200, Manual, 50 Auswertungsbögen, € 69,95

Direkt bestellen:

mail@tonyhofmann.com

www.sinn-bilder.de

+49 (0) 931 / 416283

Coaching zur beruflichen Profilbildung

Zum Abschluss noch ein kleiner Hinweis auf meine professionelle Coachingtätigkeit (hier ist wohl eher das „Sie" angebracht):

Magie der Klarheit - gemeinsam erarbeiten wir die Essenz dessen, was Sie ausmacht.

Schreiben Sie mir eine Mail. Ich freue mich auf unsere Zusammenarbeit.

mail@tonyhofmann.com

www.TonyHofmann.com